FRANCÊS
VOCABULÁRIO

PORTUGUÊS BRASILEIRO

PORTUGUÊS
FRANCÊS

Para alargar o seu léxico e apurar
as suas competências linguísticas

7000 palavras

Vocabulário Português Brasileiro-Francês - 7000 palavras

Por Andrey Taranov

Os vocabulários da T&P Books destinam-se a ajudar a aprender, a memorizar, e a rever palavras estrangeiras. O dicionário é dividido em temas, cobrindo todas as principais esferas de atividades quotidianas, negócios, ciência, cultura, etc.

O processo de aprendizagem, utilizando os dicionários baseados em temáticas da T&P Books dá-lhe as seguintes vantagens:

* Informação de origem corretamente agrupada predetermina o sucesso em fases subsequentes da memorização de palavras
* Disponibilização de palavras derivadas da mesma raiz, o que permite a memorização de unidades de texto (em vez de palavras separadas)
* Pequenas unidades de palavras facilitam o processo de estabelecimento de vínculos associativos necessários para a consolidação do vocabulário
* O nível de conhecimento da língua pode ser estimado pelo número de palavras aprendidas

T&P Books Publishing
www.tpbooks.com

ISBN: 978-1-78767-349-6

Este livro também está disponível em formato E-book.
Por favor visite www.tpbooks.com ou as principais livrarias on-line.

VOCABULÁRIO FRANCÊS
palavras mais úteis

Os vocabulários da T&P Books destinam-se a ajudar a aprender, a memorizar, e a rever palavras estrangeiras. O vocabulário contém mais de 7000 palavras de uso comum organizadas tematicamente.

O vocabulário contém as palavras mais comummente usadas
Recomendado como adicional para qualquer curso de línguas
Satisfaz as necessidades dos iniciados e dos alunos avançados de línguas estrangeiras
Conveniente para o uso diário, sessões de revisão e atividades de auto-teste
Permite avaliar o seu vocabulário

Características especias do vocabulário

*   As palavras estão organizadas de acordo com o seu significado, e não por ordem alfabética
*   As palavras são apresentadas em três colunas para facilitar os processos de revisão e auto-teste
*   As palavras compostas são divididas em pequenos blocos para facilitar o processo de aprendizagem
*   O vocabulário oferece uma transcrição simples e adequada de cada palavra estrangeira

O vocabulário contém 198 tópicos incluindo:

Conceitos básicos, Números, Cores, Meses, Estações do ano, Unidades de medida, Roupas & Acessórios, Alimentos & Nutrição, Restaurante, Membros da Família, Parentes, Caráter, Sentimentos, Emoções, Doenças, Cidade, Passeios, Compras, Dinheiro, Casa, Lar, Escritório, Trabalho no Escritório, Importação & Exportação, Marketing, Pesquisa de Emprego, Esportes, Educação, Computador, Internet, Ferramentas, Natureza, Países, Nacionalidades e muito mais ...

TABELA DE CONTEÚDOS

GUIA DE PRONUNCIAÇÃO

Letra	Exemplo Francês	Alfabeto fonético T&P	Exemplo Português
A a	cravate	[a]	chamar
E e	mer	[ɛ]	mesquita
I i [1]	hier	[j]	Vietnã
I i [2]	musique	[i]	sinônimo
O o	porte	[o], [ɔ]	noite
U u	rue	[y]	questionar
Y y [3]	yacht	[j]	Vietnã
Y y [4]	type	[i]	sinônimo

Consoantes

B b	robe	[b]	barril
C c [5]	place	[s]	sanita
C c [6]	canard	[k]	aquilo
Ç ç	leçon	[s]	sanita
D d	disque	[d]	dentista
F f	femme	[f]	safári
G g [7]	page	[ʒ]	talvez
G g [8]	gare	[g]	gosto
H h	héros	[h]	[h] mudo
J j	jour	[ʒ]	talvez
K k	kilo	[k]	aquilo
L l	aller	[l]	libra
M m	maison	[m]	magnólia
N n	nom	[n]	natureza

P p	papier	[p]	presente
Q q	cinq	[k]	aquilo
R r	mars	[r]	[r] vibrante
S s [9]	raison	[z]	sésamo
S s [10]	sac	[s]	sanita
T t	table	[t]	tulipa
V v	verre	[v]	fava
W w	Taïwan	[w]	página web
X x [11]	expliquer	[ks]	perplexo
X x [12]	exact	[gz]	Yangtzé
X x [13]	dix	[s]	sanita

Letra	Exemplo Francês	Alfabeto fonético T&P	Exemplo Português
X x [14]	dixième	[z]	sésamo
Z z	zéro	[z]	sésamo

Combinações de letras

ai	faire	[ɛ]	mesquita
au	faute	[o], [oː]	noite
ay	payer	[eɪ]	seis
ei	treize	[ɛ]	mesquita
eau	eau	[o], [oː]	noite
eu	beurre	[ø]	orgulhoso
œ	œil	[ø]	orgulhoso
œu	cœur	[øː]	orgulhoso
ou	nous	[u]	bonita
oi	noir	[wa]	Taiwan
oy	voyage	[wa]	Taiwan
qu	quartier	[k]	aquilo

ch	chat	[ʃ]	mês
th	thé	[t]	tulipa
ph	photo	[f]	safári
gu [15]	guerre	[g]	gosto
ge [16]	géographie	[ʒ]	talvez
gn	ligne	[ɲ]	ninhada
on, om	maison, nom	[õ]	anaconda

Comentários

[1] antes de vogais
[2] noutras situações
[3] antes de vogais
[4] noutras situações
[5] antes de e, i, y
[6] noutras situações
[7] antes de e, i, y
[8] noutras situações
[9] entre duas vogais
[10] noutras situações
[11] na maioria dos casos
[12] raramente
[13] em dix, six, soixante
[14] em dixième, sixième
[15] antes de e, i, u
[16] antes de a, o, y

ABREVIATURAS
usadas no vocabulário

Abreviaturas do Português

adj	-	adjetivo
adv	-	advérbio
anim.	-	animado
conj.	-	conjunção
desp.	-	esporte
etc.	-	Etcetera
ex.	-	por exemplo
f	-	nome feminino
f pl	-	feminino plural
fem.	-	feminino
inanim.	-	inanimado
m	-	nome masculino
m pl	-	masculino plural
m, f	-	masculino, feminino
masc.	-	masculino
mat.	-	matemática
mil.	-	militar
pl	-	plural
prep.	-	preposição
pron.	-	pronome
sb.	-	sobre
sing.	-	singular
v aux	-	verbo auxiliar
vi	-	verbo intransitivo
vi, vt	-	verbo intransitivo, transitivo
vr	-	verbo reflexivo
vt	-	verbo transitivo

Abreviaturas do Francês

adj	-	adjetivo
adv	-	advérbio
conj	-	conjunção
etc.	-	Etcetera
f	-	nome feminino
f pl	-	feminino plural
m	-	nome masculino
m pl	-	masculino plural

m, f	-	masculino, feminino
pl	-	plural
prep	-	preposição
pron	-	pronome
v aux	-	verbo auxiliar
v imp	-	verbo impessoal
vi	-	verbo intransitivo
vi, vt	-	verbo intransitivo, transitivo
vp	-	verbo pronominal
vt	-	verbo transitivo

CONCEITOS BÁSICOS

Conceitos básicos. Parte 1

1. Pronomes

eu	je	[ʒə]
você	tu	[ty]
ele	il	[il]
ela	elle	[ɛl]
ele, ela (neutro)	ça	[sa]
nós	nous	[nu]
vocês	vous	[vu]
eles	ils	[il]
elas	elles	[ɛl]

2. Cumprimentos. Saudações. Despedidas

Oi!	Bonjour!	[bɔ̃ʒur]
Olá!	Bonjour!	[bɔ̃ʒur]
Bom dia!	Bonjour!	[bɔ̃ʒur]
Boa tarde!	Bonjour!	[bɔ̃ʒur]
Boa noite!	Bonsoir!	[bɔ̃swar]
cumprimentar (vt)	dire bonjour	[dir bɔ̃ʒur]
Oi!	Salut!	[saly]
saudação (f)	salut (m)	[saly]
saudar (vt)	saluer (vt)	[salɥe]
Como você está?	Comment allez-vous?	[kɔmɑ̃talevu]
Como vai?	Comment ça va?	[kɔmɑ̃ sa va]
E aí, novidades?	Quoi de neuf?	[kwa də nœf]
Tchau! Até logo!	Au revoir!	[orəvwar]
Até breve!	À bientôt!	[ɑ bjɛ̃to]
Adeus!	Adieu!	[adjø]
despedir-se (dizer adeus)	dire au revoir	[dir ərəvwar]
Até mais!	Salut!	[saly]
Obrigado! -a!	Merci!	[mɛrsi]
Muito obrigado! -a!	Merci beaucoup!	[mɛrsi boku]
De nada	Je vous en prie	[ʒə vuzɑ̃pri]
Não tem de quê	Il n'y a pas de quoi	[il njapɑ də kwa]
Não foi nada!	Pas de quoi	[pɑ də kwa]
Desculpa!	Excuse-moi!	[ɛkskyz mwa]
Desculpe!	Excusez-moi!	[ɛkskyze mwa]

desculpar (vt)	excuser (vt)	[ɛkskyze]
desculpar-se (vr)	s'excuser (vp)	[sɛkskyze]
Me desculpe	Mes excuses	[me zɛkskyz]
Desculpe!	Pardonnez-moi!	[pardɔne mwa]
perdoar (vt)	pardonner (vt)	[pardɔne]
Não faz mal	C'est pas grave	[sepagrav]
por favor	s'il vous plaît	[silvuple]

Não se esqueça!	N'oubliez pas!	[nublije pɑ]
Com certeza!	Bien sûr!	[bjɛ̃ syːr]
Claro que não!	Bien sûr que non!	[bjɛ̃ syr kə nɔ̃]
Está bem! De acordo!	D'accord!	[dakɔr]
Chega!	Ça suffit!	[sa syfi]

3. Números cardinais. Parte 1

zero	zéro	[zero]
um	un	[œ̃]
dois	deux	[dø]
três	trois	[trwa]
quatro	quatre	[katr]

cinco	cinq	[sɛ̃k]
seis	six	[sis]
sete	sept	[sɛt]
oito	huit	[ɥit]
nove	neuf	[nœf]

dez	dix	[dis]
onze	onze	[ɔ̃z]
doze	douze	[duz]
treze	treize	[trɛz]
catorze	quatorze	[katɔrz]

quinze	quinze	[kɛ̃z]
dezesseis	seize	[sɛz]
dezessete	dix-sept	[disɛt]
dezoito	dix-huit	[dizɥit]
dezenove	dix-neuf	[diznœf]

vinte	vingt	[vɛ̃]
vinte e um	vingt et un	[vɛ̃teœ̃]
vinte e dois	vingt-deux	[vɛ̃tdø]
vinte e três	vingt-trois	[vɛ̃trwa]

trinta	trente	[trɑ̃t]
trinta e um	trente et un	[trɑ̃teœ̃]
trinta e dois	trente-deux	[trɑ̃t dø]
trinta e três	trente-trois	[trɑ̃t trwa]

quarenta	quarante	[karɑ̃t]
quarenta e um	quarante et un	[karɑ̃teœ̃]
quarenta e dois	quarante-deux	[karɑ̃t dø]
quarenta e três	quarante-trois	[karɑ̃t trwa]

cinquenta	cinquante	[sɛ̃kɑ̃t]
cinquenta e um	cinquante et un	[sɛ̃kɑ̃tœ̃]
cinquenta e dois	cinquante-deux	[sɛ̃kɑ̃t dø]
cinquenta e três	cinquante-trois	[sɛ̃kɑ̃t trwa]

sessenta	soixante	[swasɑ̃t]
sessenta e um	soixante et un	[swasɑ̃tœ̃]
sessenta e dois	soixante-deux	[swasɑ̃t dø]
sessenta e três	soixante-trois	[swasɑ̃t trwa]

setenta	soixante-dix	[swasɑ̃tdis]
setenta e um	soixante et onze	[swasɑ̃te ɔ̃z]
setenta e dois	soixante-douze	[swasɑ̃t duz]
setenta e três	soixante-treize	[swasɑ̃t trɛz]

oitenta	quatre-vingts	[katrəvɛ̃]
oitenta e um	quatre-vingt et un	[katrəvɛ̃tœ̃]
oitenta e dois	quatre-vingt deux	[katrəvɛ̃ dø]
oitenta e três	quatre-vingt trois	[katrəvɛ̃ trwa]

noventa	quatre-vingt-dix	[katrəvɛ̃dis]
noventa e um	quatre-vingt et onze	[katrəvɛ̃ teɔ̃z]
noventa e dois	quatre-vingt-douze	[katrəvɛ̃ duz]
noventa e três	quatre-vingt-treize	[katrəvɛ̃ trɛz]

4. Números cardinais. Parte 2

cem	cent	[sɑ̃]
duzentos	deux cents	[dø sɑ̃]
trezentos	trois cents	[trwa sɑ̃]
quatrocentos	quatre cents	[katr sɑ̃]
quinhentos	cinq cents	[sɛ̃k sɑ̃]

seiscentos	six cents	[si sɑ̃]
setecentos	sept cents	[sɛt sɑ̃]
oitocentos	huit cents	[ɥi sɑ̃]
novecentos	neuf cents	[nœf sɑ̃]

mil	mille	[mil]
dois mil	deux mille	[dø mil]
três mil	trois mille	[trwa mil]
dez mil	dix mille	[di mil]
cem mil	cent mille	[sɑ̃ mil]
um milhão	million (m)	[miljɔ̃]
um bilhão	milliard (m)	[miljar]

5. Números. Frações

fração (f)	fraction (f)	[fraksjɔ̃]
um meio	un demi	[œ̃ dəmi]
um terço	un tiers	[œ̃ tjɛr]
um quarto	un quart	[œ̃ kar]

um oitavo	un huitième	[œn ɥitjɛm]
um décimo	un dixième	[œ̃ dizjɛm]
dois terços	deux tiers	[dø tjɛr]
três quartos	trois quarts	[trwa kar]

6. Números. Operações básicas

subtração (f)	soustraction (f)	[sustraksjɔ̃]
subtrair (vi, vt)	soustraire (vt)	[sustrɛr]
divisão (f)	division (f)	[divizjɔ̃]
dividir (vt)	diviser (vt)	[divize]

adição (f)	addition (f)	[adisjɔ̃]
somar (vt)	additionner (vt)	[adisjɔne]
adicionar (vt)	additionner (vt)	[adisjɔne]
multiplicação (f)	multiplication (f)	[myltiplikasjɔ̃]
multiplicar (vt)	multiplier (vt)	[myltiplije]

7. Números. Diversos

algarismo, dígito (m)	chiffre (m)	[ʃifr]
número (m)	nombre (m)	[nɔ̃br]
numeral (m)	adjectif (m) numéral	[adʒɛktif nymeral]
menos (m)	moins (m)	[mwɛ̃]
mais (m)	plus (m)	[ply]
fórmula (f)	formule (f)	[fɔrmyl]
cálculo (m)	calcul (m)	[kalkyl]
contar (vt)	compter (vt)	[kɔ̃te]
calcular (vt)	calculer (vt)	[kalkyle]
comparar (vt)	comparer (vt)	[kɔ̃pare]

Quanto, -os, -as?	Combien?	[kɔ̃bjɛ̃]
soma (f)	somme (f)	[sɔm]
resultado (m)	résultat (m)	[rezylta]
resto (m)	reste (m)	[rɛst]
alguns, algumas ...	quelques ...	[kɛlkə]
pouco (~ tempo)	peu de ...	[pø də]
resto (m)	reste (m)	[rɛst]
um e meio	un et demi	[œ̃ne dəmi]
dúzia (f)	douzaine (f)	[duzɛn]

ao meio	en deux	[ɑ̃ dø]
em partes iguais	en parties égales	[ɑ̃ parti egal]
metade (f)	moitié (f)	[mwatje]
vez (f)	fois (f)	[fwa]

8. Os verbos mais importantes. Parte 1

| abrir (vt) | ouvrir (vt) | [uvrir] |
| acabar, terminar (vt) | finir (vt) | [finir] |

17

aconselhar (vt)	conseiller (vt)	[kɔ̃seje]
adivinhar (vt)	deviner (vt)	[dəvine]
advertir (vt)	avertir (vt)	[avɛrtir]

ajudar (vt)	aider (vt)	[ede]
almoçar (vi)	déjeuner (vi)	[deʒœne]
alugar (~ um apartamento)	louer (vt)	[lwe]
amar (pessoa)	aimer (vt)	[eme]
ameaçar (vt)	menacer (vt)	[mənase]

anotar (escrever)	prendre en note	[prãdr ã nɔt]
apressar-se (vr)	être pressé	[ɛtr prese]
arrepender-se (vr)	regretter (vt)	[rəgrɛte]
assinar (vt)	signer (vt)	[siɲe]
brincar (vi)	plaisanter (vi)	[plɛzãte]

brincar, jogar (vi, vt)	jouer (vt)	[ʒwe]
buscar (vt)	chercher (vt)	[ʃɛrʃe]
caçar (vi)	chasser (vi, vt)	[ʃase]
cair (vi)	tomber (vi)	[tɔ̃be]
cavar (vt)	creuser (vt)	[krøze]
chamar (~ por socorro)	appeler (vt)	[aple]

chegar (vi)	venir (vi)	[vənir]
chorar (vi)	pleurer (vi)	[plœre]
começar (vt)	commencer (vt)	[kɔmãse]
comparar (vt)	comparer (vt)	[kɔ̃pare]
concordar (dizer "sim")	être d'accord	[ɛtr dakɔr]

confiar (vt)	avoir confiance	[avwar kɔ̃fjãs]
confundir (equivocar-se)	confondre (vt)	[kɔ̃fɔ̃dr]
conhecer (vt)	connaître (vt)	[kɔnɛtr]
contar (fazer contas)	compter (vi, vt)	[kɔ̃te]
contar com ...	compter sur ...	[kɔ̃te syr]
continuar (vt)	continuer (vt)	[kɔ̃tinɥe]

controlar (vt)	contrôler (vt)	[kɔ̃trole]
convidar (vt)	inviter (vt)	[ɛ̃vite]
correr (vi)	courir (vt)	[kurir]
criar (vt)	créer (vt)	[kree]
custar (vt)	coûter (vt)	[kute]

9. Os verbos mais importantes. Parte 2

dar (vt)	donner (vt)	[dɔne]
dar uma dica	donner un indice	[dɔne ynɛ̃dis]
decorar (enfeitar)	décorer (vt)	[dekɔre]
defender (vt)	défendre (vt)	[defãdr]
deixar cair (vt)	faire tomber	[fɛr tɔ̃be]

descer (para baixo)	descendre (vi)	[desãdr]
desculpar (vt)	excuser (vt)	[ɛkskyze]
desculpar-se (vr)	s'excuser (vp)	[sɛkskyze]
dirigir (~ uma empresa)	diriger (vt)	[diriʒe]

discutir (notícias, etc.)	discuter (vt)	[diskyte]
disparar, atirar (vi)	tirer (vi)	[tire]
dizer (vt)	dire (vt)	[dir]
duvidar (vt)	douter (vt)	[dute]
encontrar (achar)	trouver (vt)	[truve]
enganar (vt)	tromper (vt)	[trɔ̃pe]

entender (vt)	comprendre (vt)	[kɔ̃prɑ̃dr]
entrar (na sala, etc.)	entrer (vi)	[ɑ̃tre]
enviar (uma carta)	envoyer (vt)	[ɑ̃vwaje]
errar (enganar-se)	se tromper (vp)	[sə trɔ̃pe]
escolher (vt)	choisir (vt)	[ʃwazir]

esconder (vt)	cacher (vt)	[kaʃe]
escrever (vt)	écrire (vt)	[ekrir]
esperar (aguardar)	attendre (vt)	[atɑ̃dr]
esperar (ter esperança)	espérer (vi)	[ɛspere]
esquecer (vt)	oublier (vt)	[ublije]

estudar (vt)	étudier (vt)	[etydje]
exigir (vt)	exiger (vt)	[ɛgziʒe]
existir (vi)	exister (vi)	[ɛgziste]
explicar (vt)	expliquer (vt)	[ɛksplike]

falar (vi)	parler (vi, vt)	[parle]
faltar (a la escuela, etc.)	manquer (vt)	[mɑ̃ke]
fazer (vt)	faire (vt)	[fɛr]
ficar em silêncio	rester silencieux	[rɛste silɑ̃sjø]
gabar-se (vr)	se vanter (vp)	[sə vɑ̃te]

gostar (apreciar)	plaire (vt)	[plɛr]
gritar (vi)	crier (vi)	[krije]
guardar (fotos, etc.)	garder (vt)	[garde]
informar (vt)	informer (vt)	[ɛ̃fɔrme]
insistir (vi)	insister (vi)	[ɛ̃siste]

insultar (vt)	insulter (vt)	[ɛ̃sylte]
interessar-se (vr)	s'intéresser (vp)	[sɛ̃terese]
ir (a pé)	aller (vi)	[ale]
ir nadar	se baigner (vp)	[sə beɲe]
jantar (vi)	dîner (vi)	[dine]

10. Os verbos mais importantes. Parte 3

ler (vt)	lire (vi, vt)	[lir]
libertar, liberar (vt)	libérer (vt)	[libere]
matar (vt)	tuer (vt)	[tɥe]
mencionar (vt)	mentionner (vt)	[mɑ̃sjɔne]
mostrar (vt)	montrer (vt)	[mɔ̃tre]

mudar (modificar)	changer (vt)	[ʃɑ̃ʒe]
nadar (vi)	nager (vi)	[naʒe]
negar-se a ... (vr)	se refuser (vp)	[sə rəfyze]
objetar (vt)	objecter (vt)	[ɔbʒɛkte]

observar (vt)	observer (vt)	[ɔpsɛrve]
ordenar (mil.)	ordonner (vt)	[ɔrdɔne]
ouvir (vt)	entendre (vt)	[ãtãdr]
pagar (vt)	payer (vi, vt)	[peje]
parar (vi)	s'arrêter (vp)	[sarete]
parar, cessar (vt)	cesser (vt)	[sese]
participar (vi)	participer à ...	[partisipe a]
pedir (comida, etc.)	commander (vt)	[kɔmãde]
pedir (um favor, etc.)	demander (vt)	[dəmãde]
pegar (tomar)	prendre (vt)	[prãdr]
pegar (uma bola)	attraper (vt)	[atrape]
pensar (vi, vt)	penser (vi, vt)	[pãse]
perceber (ver)	apercevoir (vt)	[apɛrsəvwar]
perdoar (vt)	pardonner (vt)	[pardɔne]
perguntar (vt)	demander (vt)	[dəmãde]
permitir (vt)	permettre (vt)	[pɛrmɛtr]
pertencer a ... (vi)	appartenir à ...	[apartənir a]
planejar (vt)	planifier (vt)	[planifje]
poder (~ fazer algo)	pouvoir (v aux)	[puvwar]
possuir (uma casa, etc.)	posséder (vt)	[pɔsede]
preferir (vt)	préférer (vt)	[prefere]
preparar (vt)	préparer (vt)	[prepare]
prever (vt)	prévoir (vt)	[prevwar]
prometer (vt)	promettre (vt)	[prɔmɛtr]
pronunciar (vt)	prononcer (vt)	[prɔnɔ̃se]
propor (vt)	proposer (vt)	[prɔpoze]
punir (castigar)	punir (vt)	[pynir]
quebrar (vt)	casser (vt)	[kase]
queixar-se de ...	se plaindre (vp)	[sə plɛ̃dr]
querer (desejar)	vouloir (vt)	[vulwar]

11. Os verbos mais importantes. Parte 4

ralhar, repreender (vt)	gronder (vt), réprimander (vt)	[grɔ̃de], [reprimãde]
recomendar (vt)	recommander (vt)	[rəkɔmãde]
repetir (dizer outra vez)	répéter (vt)	[repete]
reservar (~ um quarto)	réserver (vt)	[rezɛrve]
responder (vt)	répondre (vi, vt)	[repɔ̃dr]
rezar, orar (vi)	prier (vt)	[prije]
rir (vi)	rire (vi)	[rir]
roubar (vt)	voler (vt)	[vɔle]
saber (vt)	savoir (vt)	[savwar]
sair (~ de casa)	sortir (vi)	[sɔrtir]
salvar (resgatar)	sauver (vt)	[sove]
seguir (~ alguém)	suivre (vt)	[sɥivr]
sentar-se (vr)	s'asseoir (vp)	[saswar]
ser necessário	être nécessaire	[ɛtr nesesɛr]

ser, estar	être (vi)	[ɛtr]
significar (vt)	signifier (vt)	[siɲifje]
sorrir (vi)	sourire (vi)	[surir]
subestimar (vt)	sous-estimer (vt)	[suzɛstime]
surpreender-se (vr)	s'étonner (vp)	[setɔne]
tentar (~ fazer)	essayer (vt)	[eseje]
ter (vt)	avoir (vt)	[avwar]
ter fome	avoir faim	[avwar fɛ̃]
ter medo	avoir peur	[avwar pœr]
ter sede	avoir soif	[avwar swaf]
tocar (com as mãos)	toucher (vt)	[tuʃe]
tomar café da manhã	prendre le petit déjeuner	[prãdr ləpti deʒœne]
trabalhar (vi)	travailler (vi)	[travaje]
traduzir (vt)	traduire (vt)	[tradɥir]
unir (vt)	réunir (vt)	[reynir]
vender (vt)	vendre (vt)	[vãdr]
ver (vt)	voir (vt)	[vwar]
virar (~ para a direita)	tourner (vi)	[turne]
voar (vi)	voler (vi)	[vɔle]

12. Cores

cor (f)	couleur (f)	[kulœr]
tom (m)	teinte (f)	[tɛ̃t]
tonalidade (m)	ton (m)	[tõ]
arco-íris (m)	arc-en-ciel (m)	[arkãsjɛl]
branco (adj)	blanc (adj)	[blã]
preto (adj)	noir (adj)	[nwar]
cinza (adj)	gris (adj)	[gri]
verde (adj)	vert (adj)	[vɛr]
amarelo (adj)	jaune (adj)	[ʒon]
vermelho (adj)	rouge (adj)	[ruʒ]
azul (adj)	bleu (adj)	[blø]
azul claro (adj)	bleu clair (adj)	[blø klɛr]
rosa (adj)	rose (adj)	[roz]
laranja (adj)	orange (adj)	[ɔrãʒ]
violeta (adj)	violet (adj)	[vjɔlɛ]
marrom (adj)	brun (adj)	[brœ̃]
dourado (adj)	d'or (adj)	[dɔr]
prateado (adj)	argenté (adj)	[arʒãte]
bege (adj)	beige (adj)	[bɛʒ]
creme (adj)	crème (adj)	[krɛm]
turquesa (adj)	turquoise (adj)	[tyrkwaz]
vermelho cereja (adj)	rouge cerise (adj)	[ruʒ səriz]
lilás (adj)	lilas (adj)	[lila]
carmim (adj)	framboise (adj)	[frãbwaz]

claro (adj)	clair (adj)	[klɛr]
escuro (adj)	foncé (adj)	[fõse]
vivo (adj)	vif (adj)	[vif]

de cor	de couleur (adj)	[də kulœr]
a cores	en couleurs (adj)	[ã kulœr]
preto e branco (adj)	noir et blanc (adj)	[nwar e blã]
unicolor (de uma só cor)	unicolore (adj)	[ynikɔlɔr]
multicolor (adj)	multicolore (adj)	[myltikɔlɔr]

13. Questões

Quem?	Qui?	[ki]
O que?	Quoi?	[kwa]
Onde?	Où?	[u]
Para onde?	Où?	[u]
De onde?	D'où?	[du]
Quando?	Quand?	[kã]
Para quê?	Pourquoi?	[purkwa]
Por quê?	Pourquoi?	[purkwa]

Para quê?	À quoi bon?	[a kwa bõ]
Como?	Comment?	[kɔmã]
Qual (~ é o problema?)	Quel?	[kɛl]
Qual (~ deles?)	Lequel?	[ləkɛl]

A quem?	À qui?	[a ki]
De quem?	De qui?	[də ki]
Do quê?	De quoi?	[də kwa]
Com quem?	Avec qui?	[avɛk ki]

| Quanto, -os, -as? | Combien? | [kõbjɛ̃] |
| De quem? (masc.) | À qui? | [a ki] |

14. Palavras funcionais. Advérbios. Parte 1

Onde?	Où?	[u]
aqui	ici (adv)	[isi]
lá, ali	là-bas (adv)	[laba]

| em algum lugar | quelque part (adv) | [kɛlkə par] |
| em lugar nenhum | nulle part (adv) | [nyl par] |

| perto de ... | près de ... (prep) | [prɛ də] |
| perto da janela | près de la fenêtre | [prɛdə la fənɛtr] |

Para onde?	Où?	[u]
aqui	ici (adv)	[isi]
para lá	là-bas (adv)	[laba]
daqui	d'ici (adv)	[disi]
de lá, dali	de là-bas (adv)	[də laba]
perto	près (adv)	[prɛ]

longe	**loin** (adv)	[lwɛ̃]
perto de ...	**près de ...**	[prɛ də]
à mão, perto	**tout près** (adv)	[tu prɛ]
não fica longe	**pas loin** (adv)	[pɑ lwɛ̃]
esquerdo (adj)	**gauche** (adj)	[goʃ]
à esquerda	**à gauche** (adv)	[agoʃ]
para a esquerda	**à gauche** (adv)	[agoʃ]
direito (adj)	**droit** (adj)	[drwa]
à direita	**à droite** (adv)	[adrwat]
para a direita	**à droite** (adv)	[adrwat]
em frente	**devant** (adv)	[dəvã]
da frente	**de devant** (adj)	[də dəvã]
adiante (para a frente)	**en avant** (adv)	[an avã]
atrás de ...	**derrière** (adv)	[dɛrjɛr]
de trás	**par derrière** (adv)	[par dɛrjɛr]
para trás	**en arrière** (adv)	[an arjɛr]
meio (m), metade (f)	**milieu** (m)	[miljø]
no meio	**au milieu** (adv)	[omiljø]
do lado	**de côté** (adv)	[də kote]
em todo lugar	**partout** (adv)	[partu]
por todos os lados	**autour** (adv)	[otur]
de dentro	**de l'intérieur**	[də lɛ̃terjœr]
para algum lugar	**quelque part** (adv)	[kɛlkə par]
diretamente	**tout droit** (adv)	[tu drwa]
de volta	**en arrière** (adv)	[an arjɛr]
de algum lugar	**de quelque part**	[də kɛlkə par]
de algum lugar	**de quelque part**	[də kɛlkə par]
em primeiro lugar	**premièrement** (adv)	[prəmjɛrmã]
em segundo lugar	**deuxièmement** (adv)	[døzjɛmmã]
em terceiro lugar	**troisièmement** (adv)	[trwazjɛmmã]
de repente	**soudain** (adv)	[sudɛ̃]
no início	**au début** (adv)	[odeby]
pela primeira vez	**pour la première fois**	[pur la prəmjɛr fwa]
muito antes de ...	**bien avant ...**	[bjɛn avã]
de novo	**de nouveau** (adv)	[də nuvo]
para sempre	**pour toujours** (adv)	[pur tuʒur]
nunca	**jamais** (adv)	[ʒamɛ]
de novo	**de nouveau, encore** (adv)	[də nuvo], [ãkɔr]
agora	**maintenant** (adv)	[mɛ̃tnã]
frequentemente	**souvent** (adv)	[suvã]
então	**alors** (adv)	[alɔr]
urgentemente	**d'urgence** (adv)	[dyrʒãs]
normalmente	**d'habitude** (adv)	[dabityd]
a propósito, ...	**à propos, ...**	[apropo]
é possível	**c'est possible**	[sepɔsibl]

provavelmente	probablement (adv)	[prɔbabləmɑ̃]
talvez	peut-être (adv)	[pøtɛtr]
além disso, ...	en plus, ...	[ɑ̃plys]
por isso ...	c'est pourquoi ...	[se purkwa]
apesar de ...	malgré ...	[malgre]
graças a ...	grâce à ...	[gras ɑ]

que (pron.)	quoi (pron)	[kwa]
que (conj.)	que (conj)	[kə]
algo	quelque chose (pron)	[kɛlkə ʃoz]
alguma coisa	quelque chose (pron)	[kɛlkə ʃoz]
nada	rien	[rjɛ̃]

quem	qui (pron)	[ki]
alguém (~ que ...)	quelqu'un (pron)	[kɛlkœ̃]
alguém (com ~)	quelqu'un (pron)	[kɛlkœ̃]

ninguém	personne (pron)	[pɛrsɔn]
para lugar nenhum	nulle part (adv)	[nyl par]
de ninguém	de personne	[də pɛrsɔn]
de alguém	de n'importe qui	[də nɛ̃pɔrt ki]

tão	comme ça (adv)	[kɔmsa]
também (gostaria ~ de ...)	également (adv)	[egalmɑ̃]
também (~ eu)	aussi (adv)	[osi]

15. Palavras funcionais. Advérbios. Parte 2

Por quê?	Pourquoi?	[purkwa]
por alguma razão	pour une certaine raison	pur yn sɛrtɛn rɛzɔ̃]
porque ...	parce que ...	[parskə]
por qualquer razão	pour une raison quelconque	[pur yn rɛzɔ̃ kɛlkɔ̃k]

e (tu ~ eu)	et (conj)	[e]
ou (ser ~ não ser)	ou (conj)	[u]
mas (porém)	mais (conj)	[mɛ]
para (~ a minha mãe)	pour ... (prep)	[pur]

muito, demais	trop (adv)	[tro]
só, somente	seulement (adv)	[sœlmɑ̃]
exatamente	précisément (adv)	[presizemɑ̃]
cerca de (~ 10 kg)	près de ... (prep)	[prɛ də]

aproximadamente	approximativement	[aprɔksimativmɑ̃]
aproximado (adj)	approximatif (adj)	[aprɔksimatif]
quase	presque (adv)	[prɛsk]
resto (m)	reste (m)	[rɛst]

o outro (segundo)	l'autre (adj)	[lotr]
outro (adj)	autre (adj)	[otr]
cada (adj)	chaque (adj)	[ʃak]
qualquer (adj)	n'importe quel (adj)	[nɛ̃pɔrt kɛl]
muito, muitos, muitas	beaucoup (adv)	[boku]

| muitas pessoas | beaucoup de gens | [boku də ʒɑ̃] |
| todos | tous | [tus] |

em troca de ...	en échange de ...	[ɑn eʃɑ̃ʒ də ...]
em troca	en échange (adv)	[ɑn eʃɑ̃ʒ]
à mão	à la main (adv)	[alamɛ̃]
pouco provável	peu probable	[pø prɔbabl]

provavelmente	probablement (adv)	[prɔbabləmɑ̃]
de propósito	exprès (adv)	[ɛksprɛ]
por acidente	par accident (adv)	[par aksidɑ̃]

muito	très (adv)	[trɛ]
por exemplo	par exemple (adv)	[par ɛgzɑ̃p]
entre	entre ... (prep)	[ɑ̃tr]
entre (no meio de)	parmi ... (prep)	[parmi]
tanto	autant (adv)	[otɑ̃]
especialmente	surtout (adv)	[syrtu]

Conceitos básicos. Parte 2

16. Opostos

rico (adj)	riche (adj)	[riʃ]
pobre (adj)	pauvre (adj)	[povr]
doente (adj)	malade (adj)	[malad]
bem (adj)	en bonne santé	[ã bɔn sãte]
grande (adj)	grand (adj)	[grã]
pequeno (adj)	petit (adj)	[pti]
rapidamente	vite (adv)	[vit]
lentamente	lentement (adv)	[lãtmã]
rápido (adj)	rapide (adj)	[rapid]
lento (adj)	lent (adj)	[lã]
alegre (adj)	joyeux (adj)	[ʒwajø]
triste (adj)	triste (adj)	[trist]
juntos (ir ~)	ensemble (adv)	[ãsãbl]
separadamente	séparément (adv)	[separemã]
em voz alta (ler ~)	à haute voix (adv)	[a ot vwa]
para si (em silêncio)	en silence	[ã silãs]
alto (adj)	haut (adj)	[o]
baixo (adj)	bas (adj)	[ba]
profundo (adj)	profond (adj)	[prɔfɔ̃]
raso (adj)	peu profond (adj)	[pø prɔfɔ̃]
sim	oui (adv)	[wi]
não	non (adv)	[nɔ̃]
distante (adj)	lointain (adj)	[lwɛ̃tɛ̃]
próximo (adj)	proche (adj)	[prɔʃ]
longe	loin (adv)	[lwɛ̃]
à mão, perto	près (adv)	[prɛ]
longo (adj)	long (adj)	[lɔ̃]
curto (adj)	court (adj)	[kur]
bom (bondoso)	bon (adj)	[bɔ̃]
mal (adj)	méchant (adj)	[meʃã]
casado (adj)	marié (adj)	[marje]

solteiro (adj)	célibataire (adj)	[selibatɛr]
proibir (vt)	interdire (vt)	[ɛ̃tɛrdir]
permitir (vt)	permettre (vt)	[pɛrmɛtr]
fim (m)	fin (f)	[fɛ̃]
início (m)	début (m)	[dəbu]
esquerdo (adj)	gauche (adj)	[goʃ]
direito (adj)	droit (adj)	[drwa]
primeiro (adj)	premier (adj)	[prəmje]
último (adj)	dernier (adj)	[dɛrnje]
crime (m)	crime (m)	[krim]
castigo (m)	punition (f)	[pynisjɔ̃]
ordenar (vt)	ordonner (vt)	[ɔrdɔne]
obedecer (vt)	obéir (vt)	[ɔbeir]
reto (adj)	droit (adj)	[drwa]
curvo (adj)	courbé (adj)	[kurbe]
paraíso (m)	paradis (m)	[paradi]
inferno (m)	enfer (m)	[ɑ̃fɛr]
nascer (vi)	naître (vi)	[nɛtr]
morrer (vi)	mourir (vi)	[murir]
forte (adj)	fort (adj)	[fɔr]
fraco, débil (adj)	faible (adj)	[fɛbl]
velho, idoso (adj)	vieux (adj)	[vjø]
jovem (adj)	jeune (adj)	[ʒœn]
velho (adj)	vieux (adj)	[vjø]
novo (adj)	neuf (adj)	[nœf]
duro (adj)	dur (adj)	[dyr]
macio (adj)	mou (adj)	[mu]
quente (adj)	tiède (adj)	[tjɛd]
frio (adj)	froid (adj)	[frwa]
gordo (adj)	gros (adj)	[gro]
magro (adj)	maigre (adj)	[mɛgr]
estreito (adj)	étroit (adj)	[etrwa]
largo (adj)	large (adj)	[larʒ]
bom (adj)	bon (adj)	[bɔ̃]
mau (adj)	mauvais (adj)	[movɛ]
valente, corajoso (adj)	vaillant (adj)	[vajɑ̃]
covarde (adj)	peureux (adj)	[pœrø]

17. Dias da semana

segunda-feira (f)	lundi (m)	[lœ̃di]
terça-feira (f)	mardi (m)	[mardi]
quarta-feira (f)	mercredi (m)	[mɛrkrədi]
quinta-feira (f)	jeudi (m)	[ʒødi]
sexta-feira (f)	vendredi (m)	[vɑ̃drədi]
sábado (m)	samedi (m)	[samdi]
domingo (m)	dimanche (m)	[dimɑ̃ʃ]
hoje	aujourd'hui (adv)	[oʒurdɥi]
amanhã	demain (adv)	[dəmɛ̃]
depois de amanhã	après-demain (adv)	[aprɛdmɛ̃]
ontem	hier (adv)	[ijɛr]
anteontem	avant-hier (adv)	[avɑ̃tjɛr]
dia (m)	jour (m)	[ʒur]
dia (m) de trabalho	jour (m) ouvrable	[ʒur uvrabl]
feriado (m)	jour (m) férié	[ʒur ferje]
dia (m) de folga	jour (m) de repos	[ʒur də rəpo]
fim (m) de semana	week-end (m)	[wikɛnd]
o dia todo	toute la journée	[tut la ʒurne]
no dia seguinte	le lendemain	[lɑ̃dmɛ̃]
há dois dias	il y a 2 jours	[ilja də ʒur]
na véspera	la veille	[la vɛj]
diário (adj)	quotidien (adj)	[kɔtidjɛ̃]
todos os dias	tous les jours	[tu le ʒur]
semana (f)	semaine (f)	[səmɛn]
na semana passada	la semaine dernière	[la səmɛn dɛrnjɛr]
semana que vem	la semaine prochaine	[la səmɛn prɔʃɛn]
semanal (adj)	hebdomadaire (adj)	[ɛbdɔmadɛr]
toda semana	chaque semaine	[ʃak səmɛn]
duas vezes por semana	2 fois par semaine	[dø fwa par səmɛn]
toda terça-feira	tous les mardis	[tu le mardi]

18. Horas. Dia e noite

manhã (f)	matin (m)	[matɛ̃]
de manhã	le matin	[lə matɛ̃]
meio-dia (m)	midi (m)	[midi]
à tarde	dans l'après-midi	[dɑ̃ laprɛmidi]
tardinha (f)	soir (m)	[swar]
à tardinha	le soir	[lə swar]
noite (f)	nuit (f)	[nɥi]
à noite	la nuit	[la nɥi]
meia-noite (f)	minuit (f)	[minɥi]
segundo (m)	seconde (f)	[səgɔ̃d]
minuto (m)	minute (f)	[minyt]
hora (f)	heure (f)	[œr]

meia hora (f)	demi-heure (f)	[dəmijœr]
quarto (m) de hora	un quart d'heure	[œ̃ kar dœr]
quinze minutos	quinze minutes	[kɛ̃z minyt]
vinte e quatro horas	vingt-quatre heures	[vɛ̃tkatr œr]

nascer (m) do sol	lever (m) du soleil	[ləve dy sɔlɛj]
amanhecer (m)	aube (f)	[ob]
madrugada (f)	point (m) du jour	[pwɛ̃ dy ʒur]
pôr-do-sol (m)	coucher (m) du soleil	[kuʃe dy sɔlɛj]

de madrugada	tôt le matin	[to lə matɛ̃]
esta manhã	ce matin	[sə matɛ̃]
amanhã de manhã	demain matin	[dəmɛ̃ matɛ̃]

esta tarde	cet après-midi	[sɛt aprɛmidi]
à tarde	dans l'après-midi	[dɑ̃ laprɛmidi]
amanhã à tarde	demain après-midi	[dəmɛn aprɛmidi]

| esta noite, hoje à noite | ce soir | [sə swar] |
| amanhã à noite | demain soir | [dəmɛ̃ swar] |

às três horas em ponto	à trois heures précises	[ɑ trwa zœr presiz]
por volta das quatro	autour de quatre heures	[otur də katr œr]
às doze	vers midi	[vɛr midi]

em vinte minutos	dans 20 minutes	[dɑ̃ vɛ̃ minyt]
em uma hora	dans une heure	[dɑ̃zyn œr]
a tempo	à temps	[ɑ tɑ̃]

… um quarto para	… moins le quart	[mwɛ̃ lə kar]
dentro de uma hora	en une heure	[ɑnyn œr]
a cada quinze minutos	tous les quarts d'heure	[tu le kar dœr]
as vinte e quatro horas	24 heures sur 24	[vɛ̃tkatr œr syr vɛ̃tkatr]

19. Meses. Estações

janeiro (m)	janvier (m)	[ʒɑ̃vje]
fevereiro (m)	février (m)	[fevrije]
março (m)	mars (m)	[mars]
abril (m)	avril (m)	[avril]
maio (m)	mai (m)	[mɛ]
junho (m)	juin (m)	[ʒɥɛ̃]

julho (m)	juillet (m)	[ʒɥijɛ]
agosto (m)	août (m)	[ut]
setembro (m)	septembre (m)	[separemɑ̃]
outubro (m)	octobre (m)	[ɔktɔbr]
novembro (m)	novembre (m)	[nɔvɑ̃br]
dezembro (m)	décembre (m)	[desɑ̃br]

primavera (f)	printemps (m)	[prɛ̃tɑ̃]
na primavera	au printemps	[oprɛ̃tɑ̃]
primaveril (adj)	de printemps (adj)	[də prɛ̃tɑ̃]
verão (m)	été (m)	[ete]

no verão	en été	[ɑn ete]
de verão	d'été (adj)	[dete]

outono (m)	automne (m)	[otɔn]
no outono	en automne	[ɑn otɔn]
outonal (adj)	d'automne (adj)	[dotɔn]

inverno (m)	hiver (m)	[ivɛr]
no inverno	en hiver	[ɑn ivɛr]
de inverno	d'hiver (adj)	[divɛr]
mês (m)	mois (m)	[mwa]
este mês	ce mois	[sə mwa]
mês que vem	le mois prochain	[lə mwa prɔʃɛ̃]
no mês passado	le mois dernier	[lə mwa dɛrnje]

um mês atrás	il y a un mois	[ilja œ̃ mwa]
em um mês	dans un mois	[dɑ̃zœn mwa]
em dois meses	dans 2 mois	[dɑ̃ dø mwa]
todo o mês	tout le mois	[tu lə mwa]
um mês inteiro	tout un mois	[tutœ̃ mwa]

mensal (adj)	mensuel (adj)	[mɑ̃sɥɛl]
mensalmente	mensuellement	[mɑ̃sɥɛlmɑ̃]
todo mês	chaque mois	[ʃak mwa]
duas vezes por mês	2 fois par mois	[dø fwa par mwa]

ano (m)	année (f)	[ane]
este ano	cette année	[sɛt ane]
ano que vem	l'année prochaine	[lane prɔʃɛn]
no ano passado	l'année dernière	[lane dɛrnjɛr]
há um ano	il y a un an	[ilja œnɑ̃]
em um ano	dans un an	[dɑ̃zœn ɑ̃]
dentro de dois anos	dans deux ans	[dɑ̃ dø zɑ̃]
todo o ano	toute l'année	[tut lane]
um ano inteiro	toute une année	[tutyn ane]

cada ano	chaque année	[ʃak ane]
anual (adj)	annuel (adj)	[anɥɛl]
anualmente	annuellement	[anɥɛlmɑ̃]
quatro vezes por ano	quatre fois par an	[katr fwa parɑ̃]

data (~ de hoje)	date (f)	[dat]
data (ex. ~ de nascimento)	date (f)	[dat]
calendário (m)	calendrier (m)	[kalɑ̃drije]

meio ano	six mois	[si mwa]
seis meses	semestre (m)	[səmɛstr]
estação (f)	saison (f)	[sɛzɔ̃]
século (m)	siècle (m)	[sjɛkl]

20. Tempo. Diversos

tempo (m)	temps (m)	[tɑ̃]
momento (m)	moment (m)	[mɔmɑ̃]

instante (m)	instant (m)	[ɛ̃stɑ̃]
instantâneo (adj)	instantané (adj)	[ɛ̃stɑ̃tane]
lapso (m) de tempo	laps (m) de temps	[laps də tɑ̃]
vida (f)	vie (f)	[vi]
eternidade (f)	éternité (f)	[etɛrnite]
época (f)	époque (f)	[epɔk]
era (f)	ère (f)	[ɛr]
ciclo (m)	cycle (m)	[sikl]
período (m)	période (f)	[perjɔd]
prazo (m)	délai (m), terme (m)	[tɛrm]
futuro (m)	avenir (m)	[avnir]
futuro (adj)	prochain (adj)	[prɔʃɛ̃]
da próxima vez	la fois prochaine	[la fwa prɔʃɛn]
passado (m)	passé (m)	[pɑse]
passado (adj)	passé (adj)	[pɑse]
na última vez	la fois passée	[la fwa pɑse]
mais tarde	plus tard (adv)	[ply tar]
depois de ...	après ... (prep)	[aprɛ]
atualmente	à présent (adv)	[aprezɑ̃]
agora	maintenant (adv)	[mɛ̃tnɑ̃]
imediatamente	immédiatement (adv)	[imedjatmɑ̃]
em breve	bientôt (adv)	[bjɛ̃to]
de antemão	d'avance (adv)	[davɑ̃s]
há muito tempo	il y a longtemps	[ilja lɔ̃tɑ̃]
recentemente	récemment (adv)	[resamɑ̃]
destino (m)	destin (m)	[dɛstɛ̃]
recordações (f pl)	souvenirs (m pl)	[suvnir]
arquivo (m)	archives (f pl)	[arʃiv]
durante ...	pendant ... (prep)	[pɑ̃dɑ̃]
durante muito tempo	longtemps (adv)	[lɔ̃tɑ̃]
pouco tempo	pas longtemps (adv)	[pɑ lɔ̃tɑ̃]
cedo (levantar-se ~)	tôt (adv)	[to]
tarde (deitar-se ~)	tard (adv)	[tar]
para sempre	pour toujours (adv)	[pur tuʒur]
começar (vt)	commencer (vt)	[kɔmɑ̃se]
adiar (vt)	reporter (vt)	[rəpɔrte]
ao mesmo tempo	en même temps (adv)	[ɑ̃ mɛm tɑ̃]
permanentemente	en permanence (adv)	[ɑ̃ pɛrmanɑ̃s]
constante (~ ruído, etc.)	constant (adj)	[kɔ̃stɑ̃]
temporário (adj)	temporaire (adj)	[tɑ̃pɔrɛr]
às vezes	parfois (adv)	[parfwa]
raras vezes, raramente	rarement (adv)	[rarmɑ̃]
frequentemente	souvent (adv)	[suvɑ̃]

21. Linhas e formas

quadrado (m)	carré (m)	[kare]
quadrado (adj)	carré (adj)	[kare]

círculo (m)	cercle (m)	[sɛrkl]
redondo (adj)	rond (adj)	[rɔ̃]
triângulo (m)	triangle (m)	[trijɑ̃gl]
triangular (adj)	triangulaire (adj)	[trijɑ̃gylɛr]

oval (f)	ovale (m)	[ɔval]
oval (adj)	ovale (adj)	[ɔval]
retângulo (m)	rectangle (m)	[rɛktɑ̃gl]
retangular (adj)	rectangulaire (adj)	[rɛktɑ̃gylɛr]

pirâmide (f)	pyramide (f)	[piramid]
losango (m)	losange (m)	[lɔzɑ̃ʒ]
trapézio (m)	trapèze (m)	[trapɛz]
cubo (m)	cube (m)	[kyb]
prisma (m)	prisme (m)	[prism]

circunferência (f)	circonférence (f)	[sirkɔ̃ferɑ̃s]
esfera (f)	sphère (f)	[sfɛr]
globo (m)	globe (m)	[glɔb]
diâmetro (m)	diamètre (m)	[djamɛtr]
raio (m)	rayon (m)	[rɛjɔ̃]
perímetro (m)	périmètre (m)	[perimɛtr]
centro (m)	centre (m)	[sɑ̃tr]

horizontal (adj)	horizontal (adj)	[ɔrizɔ̃tal]
vertical (adj)	vertical (adj)	[vɛrtikal]
paralela (f)	parallèle (f)	[paralɛl]
paralelo (adj)	parallèle (adj)	[paralɛl]

linha (f)	ligne (f)	[liɲ]
traço (m)	trait (m)	[trɛ]
reta (f)	droite (f)	[drwat]
curva (f)	courbe (f)	[kurb]
fino (linha ~a)	fin (adj)	[fɛ̃]
contorno (m)	contour (m)	[kɔ̃tur]

interseção (f)	intersection (f)	[ɛ̃tɛrsɛksjɔ̃]
ângulo (m) reto	angle (m) droit	[ɑ̃gl drwa]
segmento (m)	segment (m)	[sɛgmɑ̃]
setor (m)	secteur (m)	[sɛktœr]
lado (de um triângulo, etc.)	côté (m)	[kote]
ângulo (m)	angle (m)	[ɑ̃gl]

22. Unidades de medida

peso (m)	poids (m)	[pwa]
comprimento (m)	longueur (f)	[lɔ̃gœr]
largura (f)	largeur (f)	[larʒœr]
altura (f)	hauteur (f)	[otœr]
profundidade (f)	profondeur (f)	[prɔfɔ̃dœr]
volume (m)	volume (m)	[vɔlym]
área (f)	aire (f)	[ɛr]
grama (m)	gramme (m)	[gram]
miligrama (m)	milligramme (m)	[miligram]

quilograma (m)	kilogramme (m)	[kilɔgram]
tonelada (f)	tonne (f)	[tɔn]
libra (453,6 gramas)	livre (f)	[livr]
onça (f)	once (f)	[ɔ̃s]

metro (m)	mètre (m)	[mɛtr]
milímetro (m)	millimètre (m)	[milimɛtr]
centímetro (m)	centimètre (m)	[sɑ̃timɛtr]
quilômetro (m)	kilomètre (m)	[kilɔmɛtr]
milha (f)	mille (m)	[mil]

polegada (f)	pouce (m)	[pus]
pé (304,74 mm)	pied (m)	[pje]
jarda (914,383 mm)	yard (m)	[jard]

| metro (m) quadrado | mètre (m) carré | [mɛtr kare] |
| hectare (m) | hectare (m) | [ɛktar] |

litro (m)	litre (m)	[litr]
grau (m)	degré (m)	[dəgre]
volt (m)	volt (m)	[vɔlt]
ampère (m)	ampère (m)	[ɑ̃pɛr]
cavalo (m) de potência	cheval-vapeur (m)	[ʃəvalvapœr]

quantidade (f)	quantité (f)	[kɑ̃tite]
um pouco de …	un peu de …	[œ̃ pø də]
metade (f)	moitié (f)	[mwatje]
dúzia (f)	douzaine (f)	[duzɛn]
peça (f)	pièce (f)	[pjɛs]

| tamanho (m), dimensão (f) | dimension (f) | [dimɑ̃sjɔ̃] |
| escala (f) | échelle (f) | [eʃɛl] |

mínimo (adj)	minimal (adj)	[minimal]
menor, mais pequeno	le plus petit (adj)	[lə ply pəti]
médio (adj)	moyen (adj)	[mwajɛ̃]
máximo (adj)	maximal (adj)	[maksimal]
maior, mais grande	le plus grand (adj)	[lə ply grɑ̃]

23. Recipientes

pote (m) de vidro	bocal (m) en verre	[bɔkal ɑ̃ vɛr]
lata (~ de cerveja)	boîte, canette (f)	[bwat], [kanɛt]
balde (m)	seau (m)	[so]
barril (m)	tonneau (m)	[tɔno]

bacia (~ de plástico)	bassine, cuvette (f)	[basin], [kyvɛt]
tanque (m)	cuve (f)	[kyv]
cantil (m) de bolso	flasque (f)	[flask]
galão (m) de gasolina	jerrican (m)	[ʒerikan]
cisterna (f)	citerne (f)	[sitɛrn]

| caneca (f) | tasse (f), mug (m) | [tɑs], [mʌg] |
| xícara (f) | tasse (f) | [tɑs] |

pires (m)	soucoupe (f)	[sukup]
copo (m)	verre (m)	[vɛr]
taça (f) de vinho	verre (m) à vin	[vɛr ɑ vɛ̃]
panela (f)	faitout (m)	[fɛtu]

| garrafa (f) | bouteille (f) | [butɛj] |
| gargalo (m) | goulot (m) | [gulo] |

jarra (f)	carafe (f)	[karaf]
jarro (m)	pichet (m)	[piʃɛ]
recipiente (m)	récipient (m)	[resipjɑ̃]
pote (m)	pot (m)	[po]
vaso (m)	vase (m)	[vaz]

frasco (~ de perfume)	flacon (m)	[flakɔ̃]
frasquinho (m)	fiole (f)	[fjɔl]
tubo (m)	tube (m)	[tyb]

saco (ex. ~ de açúcar)	sac (m)	[sak]
sacola (~ plastica)	sac (m)	[sak]
maço (de cigarros, etc.)	paquet (m)	[pakɛ]

caixa (~ de sapatos, etc.)	boîte (f)	[bwat]
caixote (~ de madeira)	caisse (f)	[kɛs]
cesto (m)	panier (m)	[panje]

24. Materiais

material (m)	matériau (m)	[materjo]
madeira (f)	bois (m)	[bwa]
de madeira	en bois (adj)	[ɑ̃ bwa]

| vidro (m) | verre (m) | [vɛr] |
| de vidro | en verre (adj) | [ɑ̃ vɛr] |

| pedra (f) | pierre (f) | [pjɛr] |
| de pedra | en pierre (adj) | [ɑ̃ pjɛr] |

| plástico (m) | plastique (m) | [plastik] |
| plástico (adj) | en plastique (adj) | [ɑ̃ plastik] |

| borracha (f) | caoutchouc (m) | [kautʃu] |
| de borracha | en caoutchouc (adj) | [ɑ̃ kautʃu] |

| tecido, pano (m) | tissu (m) | [tisy] |
| de tecido | en tissu (adj) | [ɑ̃ tisy] |

| papel (m) | papier (m) | [papje] |
| de papel | de papier (adj) | [də papje] |

papelão (m)	carton (m)	[kartɔ̃]
de papelão	en carton (adj)	[ɑ̃ kartɔ̃]
polietileno (m)	polyéthylène (m)	[polietilɛn]
celofane (m)	cellophane (f)	[selɔfan]

| linóleo (m) | linoléum (m) | [linɔleɔm] |
| madeira (f) compensada | contreplaqué (m) | [kɔ̃trəplake] |

porcelana (f)	porcelaine (f)	[pɔpylasjɔ̃]
de porcelana	de porcelaine (adj)	[də pɔrsəlɛn]
argila (f), barro (m)	argile (f)	[arʒil]
de barro	de terre cuite (adj)	[ɑ̃ tɛr kɥit]
cerâmica (f)	céramique (f)	[seramik]
de cerâmica	en céramique (adj)	[ɑ̃ seramik]

25. Metais

metal (m)	métal (m)	[metal]
metálico (adj)	métallique (adj)	[metalik]
liga (f)	alliage (m)	[aljaʒ]

ouro (m)	or (m)	[ɔr]
de ouro	en or (adj)	[ɑn ɔr]
prata (f)	argent (m)	[arʒɑ̃]
de prata	en argent (adj)	[ɑn asje]

ferro (m)	fer (m)	[fɛr]
de ferro	en fer (adj)	[ɑ̃ fɛr]
aço (m)	acier (m)	[asje]
de aço (adj)	en acier	[ɑn asje]
cobre (m)	cuivre (m)	[kɥivr]
de cobre	en cuivre (adj)	[ɑ̃ kɥivr]

alumínio (m)	aluminium (m)	[alyminjɔm]
de alumínio	en aluminium (adj)	[ɑn alyminjɔm]
bronze (m)	bronze (m)	[brɔ̃z]
de bronze	en bronze (adj)	[ɑ̃ brɔ̃z]

latão (m)	laiton (m)	[lɛtɔ̃]
níquel (m)	nickel (m)	[nikɛl]
platina (f)	platine (f)	[platin]
mercúrio (m)	mercure (m)	[mɛrkyr]
estanho (m)	étain (m)	[etɛ̃]
chumbo (m)	plomb (m)	[plɔ̃]
zinco (m)	zinc (m)	[zɛ̃g]

O SER HUMANO

O ser humano. O corpo

26. Humanos. Conceitos básicos

ser (m) humano	être (m) humain	[ɛtr ymɛ̃]
homem (m)	homme (m)	[ɔm]
mulher (f)	femme (f)	[fam]
criança (f)	enfant (m, f)	[ɑ̃fɑ̃]
menina (f)	fille (f)	[fij]
menino (m)	garçon (m)	[garsɔ̃]
adolescente (m)	adolescent (m)	[adɔlesɑ̃]
velho (m)	vieillard (m)	[vjɛjar]
velha (f)	vieille femme (f)	[vjɛj fam]

27. Anatomia humana

organismo (m)	organisme (m)	[ɔrganism]
coração (m)	cœur (m)	[kœr]
sangue (m)	sang (m)	[sɑ̃]
artéria (f)	artère (f)	[artɛr]
veia (f)	veine (f)	[vɛn]
cérebro (m)	cerveau (m)	[sɛrvo]
nervo (m)	nerf (m)	[nɛr]
nervos (m pl)	nerfs (m pl)	[nɛr]
vértebra (f)	vertèbre (f)	[vɛrtɛbr]
coluna (f) vertebral	colonne (f) vertébrale	[kɔlɔn vɛrtebral]
estômago (m)	estomac (m)	[ɛstɔma]
intestinos (m pl)	intestins (m pl)	[ɛ̃tɛstɛ̃]
intestino (m)	intestin (m)	[ɛ̃tɛstɛ̃]
fígado (m)	foie (m)	[fwa]
rim (m)	rein (m)	[rɛ̃]
osso (m)	os (m)	[ɔs]
esqueleto (m)	squelette (f)	[skəlɛt]
costela (f)	côte (f)	[kot]
crânio (m)	crâne (m)	[kran]
músculo (m)	muscle (m)	[myskl]
bíceps (m)	biceps (m)	[bisɛps]
tríceps (m)	triceps (m)	[trisɛps]
tendão (m)	tendon (m)	[tɑ̃dɔ̃]
articulação (f)	articulation (f)	[artikylasjɔ̃]

pulmões (m pl)	poumons (m pl)	[pumɔ̃]
órgãos (m pl) genitais	organes (m pl) génitaux	[ɔrgan ʒenito]
pele (f)	peau (f)	[po]

28. Cabeça

cabeça (f)	tête (f)	[tɛt]
rosto, cara (f)	visage (m)	[vizaʒ]
nariz (m)	nez (m)	[ne]
boca (f)	bouche (f)	[buʃ]

olho (m)	œil (m)	[œj]
olhos (m pl)	les yeux	[lezjø]
pupila (f)	pupille (f)	[pypij]
sobrancelha (f)	sourcil (m)	[sursi]
cílio (f)	cil (m)	[sil]
pálpebra (f)	paupière (f)	[popjɛr]

língua (f)	langue (f)	[lɑ̃g]
dente (m)	dent (f)	[dɑ̃]
lábios (m pl)	lèvres (f pl)	[lɛvr]
maçãs (f pl) do rosto	pommettes (f pl)	[pɔmɛt]
gengiva (f)	gencive (f)	[ʒɑ̃siv]
palato (m)	palais (m)	[palɛ]

narinas (f pl)	narines (f pl)	[narin]
queixo (m)	menton (m)	[mɑ̃tɔ̃]
mandíbula (f)	mâchoire (f)	[mɑʃwar]
bochecha (f)	joue (f)	[ʒu]

testa (f)	front (m)	[frɔ̃]
têmpora (f)	tempe (f)	[tɑ̃p]
orelha (f)	oreille (f)	[ɔrɛj]
costas (f pl) da cabeça	nuque (f)	[nyk]
pescoço (m)	cou (m)	[ku]
garganta (f)	gorge (f)	[gɔrʒ]

cabelo (m)	cheveux (m pl)	[ʃəvø]
penteado (m)	coiffure (f)	[kwafyr]
corte (m) de cabelo	coupe (f)	[kup]
peruca (f)	perruque (f)	[peryk]

bigode (m)	moustache (f)	[mustaʃ]
barba (f)	barbe (f)	[barb]
ter (~ barba, etc.)	porter (vt)	[pɔrte]
trança (f)	tresse (f)	[trɛs]
suíças (f pl)	favoris (m pl)	[favɔri]

ruivo (adj)	roux (adj)	[ru]
grisalho (adj)	gris (adj)	[gri]
careca (adj)	chauve (adj)	[ʃov]
calva (f)	calvitie (f)	[kalvisi]
rabo-de-cavalo (m)	queue (f) de cheval	[kø də ʃəval]
franja (f)	frange (f)	[frɑ̃ʒ]

29. Corpo humano

mão (f)	main (f)	[mɛ̃]
braço (m)	bras (m)	[bra]
dedo (m)	doigt (m)	[dwa]
dedo (m) do pé	orteil (m)	[ɔrtɛj]
polegar (m)	pouce (m)	[pus]
dedo (m) mindinho	petit doigt (m)	[pəti dwa]
unha (f)	ongle (m)	[ɔ̃gl]
punho (m)	poing (m)	[pwɛ̃]
palma (f)	paume (f)	[pom]
pulso (m)	poignet (m)	[pwaɲɛ]
antebraço (m)	avant-bras (m)	[avɑ̃bra]
cotovelo (m)	coude (m)	[kud]
ombro (m)	épaule (f)	[epol]
perna (f)	jambe (f)	[ʒɑ̃b]
pé (m)	pied (m)	[pje]
joelho (m)	genou (m)	[ʒənu]
panturrilha (f)	mollet (m)	[mɔlɛ]
quadril (m)	hanche (f)	[ɑ̃ʃ]
calcanhar (m)	talon (m)	[talɔ̃]
corpo (m)	corps (m)	[kɔr]
barriga (f), ventre (m)	ventre (m)	[vɑ̃tr]
peito (m)	poitrine (f)	[pwatrin]
seio (m)	sein (m)	[sɛ̃]
lado (m)	côté (m)	[kote]
costas (dorso)	dos (m)	[do]
região (f) lombar	reins (m pl), région (f) lombaire	[rɛn], [reʒjɔ̃ lɔ̃bɛr]
cintura (f)	taille (f)	[taj]
umbigo (m)	nombril (m)	[nɔ̃bril]
nádegas (f pl)	fesses (f pl)	[fɛs]
traseiro (m)	derrière (m)	[dɛrjɛr]
sinal (m), pinta (f)	grain (m) de beauté	[grɛ̃ də bote]
sinal (m) de nascença	tache (f) de vin	[taʃ də vɛ̃]
tatuagem (f)	tatouage (m)	[tatwaʒ]
cicatriz (f)	cicatrice (f)	[sikatris]

Vestuário & Acessórios

30. Roupa exterior. Casacos

roupa (f)	vêtement (m)	[vɛtmɑ̃]
roupa (f) exterior	survêtement (m)	[syrvɛtmɑ̃]
roupa (f) de inverno	vêtement (m) d'hiver	[vɛtmɑ̃ divɛr]

sobretudo (m)	manteau (m)	[mɑ̃to]
casaco (m) de pele	manteau (m) de fourrure	[mɑ̃to də furyr]
jaqueta (f) de pele	veste (f) en fourrure	[vɛst ɑ̃ furyr]
casaco (m) acolchoado	manteau (m) de duvet	[manto də dyvɛ]

casaco (m), jaqueta (f)	veste (f)	[vɛst]
impermeável (m)	imperméable (m)	[ɛ̃pɛrmeabl]
a prova d'água	imperméable (adj)	[ɛ̃pɛrmeabl]

31. Vestuário de homem & mulher

camisa (f)	chemise (f)	[ʃəmiz]
calça (f)	pantalon (m)	[pɑ̃talɔ̃]
jeans (m)	jean (m)	[dʒin]
paletó, terno (m)	veston (m)	[vɛstɔ̃]
terno (m)	complet (m)	[kɔ̃plɛ]

vestido (ex. ~ de noiva)	robe (f)	[rɔb]
saia (f)	jupe (f)	[ʒyp]
blusa (f)	chemisette (f)	[ʃəmizɛt]
casaco (m) de malha	veste (f) en laine	[vɛst ɑ̃ lɛn]
casaco, blazer (m)	jaquette (f), blazer (m)	[ʒakɛt], [blazɛr]

camiseta (f)	tee-shirt (m)	[tiʃœrt]
short (m)	short (m)	[ʃɔrt]
training (m)	costume (m) de sport	[kɔstym də spɔr]
roupão (m) de banho	peignoir (m) de bain	[pɛɲwar də bɛ̃]
pijama (m)	pyjama (m)	[piʒama]

| suéter (m) | chandail (m) | [ʃɑ̃daj] |
| pulôver (m) | pull-over (m) | [pylɔvɛr] |

colete (m)	gilet (m)	[ʒilɛ]
fraque (m)	queue-de-pie (f)	[kødpi]
smoking (m)	smoking (m)	[smɔkiŋ]

uniforme (m)	uniforme (m)	[ynifɔrm]
roupa (f) de trabalho	tenue (f) de travail	[təny də travaj]
macacão (m)	salopette (f)	[salɔpɛt]
jaleco (m), bata (f)	blouse (f)	[bluz]

32. Vestuário. Roupa interior

roupa (f) íntima	sous-vêtements (m pl)	[suvɛtmɑ̃]
cueca boxer (f)	boxer (m)	[boksɛr]
calcinha (f)	slip (m) de femme	[slip də fam]
camiseta (f)	maillot (m) de corps	[majo də kɔr]
meias (f pl)	chaussettes (f pl)	[ʃosɛt]
camisola (f)	chemise (f) de nuit	[ʃəmiz də nɥi]
sutiã (m)	soutien-gorge (m)	[sutjɛ̃gɔrʒ]
meias longas (f pl)	chaussettes (f pl) hautes	[ʃosɛt ot]
meias-calças (f pl)	collants (m pl)	[kɔlɑ̃]
meias (~ de nylon)	bas (m pl)	[ba]
maiô (m)	maillot (m) de bain	[majo də bɛ̃]

33. Adereços de cabeça

chapéu (m), touca (f)	chapeau (m)	[ʃapo]
chapéu (m) de feltro	chapeau (m) feutre	[ʃapo føtr]
boné (m) de beisebol	casquette (f) de base-ball	[kaskɛt də bɛzbol]
boina (~ italiana)	casquette (f)	[kaskɛt]
boina (ex. ~ basca)	béret (m)	[berɛ]
capuz (m)	capuche (f)	[kapyʃ]
chapéu panamá (m)	panama (m)	[panama]
touca (f)	bonnet (m) de laine	[bonɛ də lɛn]
lenço (m)	foulard (m)	[fular]
chapéu (m) feminino	chapeau (m) de femme	[ʃapo də fam]
capacete (m) de proteção	casque (m)	[kask]
bibico (m)	calot (m)	[kalo]
capacete (m)	casque (m)	[kask]
chapéu-coco (m)	melon (m)	[məlɔ̃]
cartola (f)	haut-de-forme (m)	[o də fɔrm]

34. Calçado

calçado (m)	chaussures (f pl)	[ʃosyr]
botinas (f pl), sapatos (m pl)	bottines (f pl)	[botin]
sapatos (de salto alto, etc.)	souliers (m pl)	[sulje]
botas (f pl)	bottes (f pl)	[bot]
pantufas (f pl)	chaussons (m pl)	[ʃosɔ̃]
tênis (~ Nike, etc.)	tennis (m pl)	[tenis]
tênis (~ Converse)	baskets (f pl)	[baskɛt]
sandálias (f pl)	sandales (f pl)	[sɑ̃dal]
sapateiro (m)	cordonnier (m)	[kɔrdɔnje]
salto (m)	talon (m)	[talɔ̃]

par (m)	paire (f)	[pɛr]
cadarço (m)	lacet (m)	[lase]
amarrar os cadarços	lacer (vt)	[lase]
calçadeira (f)	chausse-pied (m)	[ʃospje]
graxa (f) para calçado	cirage (m)	[siraʒ]

35. Têxtil. Tecidos

algodão (m)	coton (m)	[kɔtɔ̃]
de algodão	de coton (adj)	[də kɔtɔ̃]
linho (m)	lin (m)	[lɛ̃]
de linho	de lin (adj)	[də lɛ̃]
seda (f)	soie (f)	[swa]
de seda	de soie (adj)	[də swa]
lã (f)	laine (f)	[lɛn]
de lã	en laine (adj)	[ɑ̃ lɛn]
veludo (m)	velours (m)	[vəlur]
camurça (f)	chamois (m)	[ʃamwa]
veludo (m) cotelê	velours (m) côtelé	[vəlur kotle]
nylon (m)	nylon (m)	[nilɔ̃]
de nylon	en nylon (adj)	[ɑ̃ nilɔ̃]
poliéster (m)	polyester (m)	[pɔliɛstɛr]
de poliéster	en polyester (adj)	[ɑ̃ pɔliɛstɛr]
couro (m)	cuir (m)	[kɥir]
de couro	en cuir (adj)	[ɑ̃ kɥir]
pele (f)	fourrure (f)	[furyr]
de pele	en fourrure (adj)	[ɑ̃ furyr]

36. Acessórios pessoais

luva (f)	gants (m pl)	[gɑ̃]
mitenes (f pl)	moufles (f pl)	[mufl]
cachecol (m)	écharpe (f)	[eʃarp]
óculos (m pl)	lunettes (f pl)	[lynɛt]
armação (f)	monture (f)	[mɔ̃tyr]
guarda-chuva (m)	parapluie (m)	[paraplɥi]
bengala (f)	canne (f)	[kan]
escova (f) para o cabelo	brosse (f) à cheveux	[brɔs ɑ ʃəvø]
leque (m)	éventail (m)	[evɑ̃taj]
gravata (f)	cravate (f)	[kravat]
gravata-borboleta (f)	nœud papillon (m)	[nø papijɔ̃]
suspensórios (m pl)	bretelles (f pl)	[brətɛl]
lenço (m)	mouchoir (m)	[muʃwar]
pente (m)	peigne (m)	[pɛɲ]
fivela (f) para cabelo	barrette (f)	[barɛt]

grampo (m)	épingle (f) à cheveux	[epɛ̃gl a ʃəvø]
fivela (f)	boucle (f)	[bukl]
cinto (m)	ceinture (f)	[sɛ̃tyr]
alça (f) de ombro	bandoulière (f)	[bãduljɛr]
bolsa (f)	sac (m)	[sak]
bolsa (feminina)	sac (m) à main	[sak a mɛ̃]
mochila (f)	sac (m) à dos	[sak a do]

37. Vestuário. Diversos

moda (f)	mode (f)	[mɔd]
na moda (adj)	à la mode (adj)	[alamɔd]
estilista (m)	couturier (m), créateur (m) de mode	[kutyrje], [kreatœr də mɔd]
colarinho (m)	col (m)	[kɔl]
bolso (m)	poche (f)	[pɔʃ]
de bolso	de poche (adj)	[də pɔʃ]
manga (f)	manche (f)	[mãʃ]
ganchinho (m)	bride (f)	[brid]
bragueta (f)	braguette (f)	[bragɛt]
zíper (m)	fermeture (f) à glissière	[fɛrmətyr a glisjɛr]
colchete (m)	agrafe (f)	[agraf]
botão (m)	bouton (m)	[butɔ̃]
botoeira (casa de botão)	boutonnière (f)	[butɔnjɛr]
soltar-se (vr)	sauter (vi)	[sote]
costurar (vi)	coudre (vi, vt)	[kudr]
bordar (vt)	broder (vt)	[brɔde]
bordado (m)	broderie (f)	[brɔdri]
agulha (f)	aiguille (f)	[egɥij]
fio, linha (f)	fil (m)	[fil]
costura (f)	couture (f)	[kutyr]
sujar-se (vr)	se salir (vp)	[sə salir]
mancha (f)	tache (f)	[taʃ]
amarrotar-se (vr)	se froisser (vp)	[sə frwase]
rasgar (vt)	déchirer (vt)	[deʃire]
traça (f)	mite (f)	[mit]

38. Cuidados pessoais. Cosméticos

pasta (f) de dente	dentifrice (m)	[dãtifris]
escova (f) de dente	brosse (f) à dents	[brɔs a dã]
escovar os dentes	se brosser les dents	[sə brɔse le dã]
gilete (f)	rasoir (m)	[razwar]
creme (m) de barbear	crème (f) à raser	[krɛm a raze]
barbear-se (vr)	se raser (vp)	[sə raze]

sabonete (m)	savon (m)	[savɔ̃]
xampu (m)	shampooing (m)	[ʃɑ̃pwɛ̃]
tesoura (f)	ciseaux (m pl)	[sizo]
lixa (f) de unhas	lime (f) à ongles	[lim a ɔ̃gl]
corta-unhas (m)	pinces (f pl) à ongles	[pɛ̃s a ɔ̃gl]
pinça (f)	pince (f)	[pɛ̃s]
cosméticos (m pl)	cosmétiques (m pl)	[kɔsmetik]
máscara (f)	masque (m) de beauté	[mask də bote]
manicure (f)	manucure (f)	[manykyr]
fazer as unhas	se faire les ongles	[sə fɛr le zɔ̃gl]
pedicure (f)	pédicurie (f)	[pedikyri]
bolsa (f) de maquiagem	trousse (f) de toilette	[trus də twalɛt]
pó (de arroz)	poudre (f)	[pudr]
pó (m) compacto	poudrier (m)	[pudrije]
blush (m)	fard (m) à joues	[far a ʒu]
perfume (m)	parfum (m)	[parfœ̃]
água-de-colônia (f)	eau (f) de toilette	[o də twalɛt]
loção (f)	lotion (f)	[losjɔ̃]
colônia (f)	eau de Cologne (f)	[o də kɔlɔɲ]
sombra (f) de olhos	fard (m) à paupières	[far a popjɛr]
delineador (m)	crayon (m) à paupières	[krɛjɔ̃ a popjɛr]
máscara (f), rímel (m)	mascara (m)	[maskara]
batom (m)	rouge (m) à lèvres	[ruʒ a lɛvr]
esmalte (m)	vernis (m) à ongles	[vɛrni a ɔ̃gl]
laquê (m), spray fixador (m)	laque (f) pour les cheveux	[lak pur le ʃəvø]
desodorante (m)	déodorant (m)	[deɔdɔrɑ̃]
creme (m)	crème (f)	[krɛm]
creme (m) de rosto	crème (f) pour le visage	[krɛm pur lə vizaʒ]
creme (m) de mãos	crème (f) pour les mains	[krɛm pur le mɛ̃]
creme (m) antirrugas	crème (f) anti-rides	[krɛm ɑ̃tirid]
creme (m) de dia	crème (f) de jour	[krɛm də ʒur]
creme (m) de noite	crème (f) de nuit	[krɛm də nɥi]
de dia	de jour (adj)	[də ʒur]
da noite	de nuit (adj)	[də nɥi]
absorvente (m) interno	tampon (m)	[tɑ̃pɔ̃]
papel (m) higiênico	papier (m) de toilette	[papje də twalɛt]
secador (m) de cabelo	sèche-cheveux (m)	[sɛʃʃəvø]

39. Joalheria

joias (f pl)	bijoux (m pl)	[biʒu]
precioso (adj)	précieux (adj)	[presjø]
marca (f) de contraste	poinçon (m)	[pwɛ̃sɔ̃]
anel (m)	bague (f)	[bag]
aliança (f)	alliance (f)	[aljɑ̃s]

pulseira (f)	bracelet (m)	[braslɛ]
brincos (m pl)	boucles (f pl) d'oreille	[bukl dɔrɛj]
colar (m)	collier (m)	[kɔlje]
coroa (f)	couronne (f)	[kurɔn]
colar (m) de contas	collier (m)	[kɔlje]
diamante (m)	diamant (m)	[djamɑ̃]
esmeralda (f)	émeraude (f)	[emrod]
rubi (m)	rubis (m)	[rybi]
safira (f)	saphir (m)	[safir]
pérola (f)	perle (f)	[pɛrl]
âmbar (m)	ambre (m)	[ɑ̃br]

40. Relógios de pulso. Relógios

relógio (m) de pulso	montre (f)	[mɔ̃tr]
mostrador (m)	cadran (m)	[kadrɑ̃]
ponteiro (m)	aiguille (f)	[egɥij]
bracelete (em aço)	bracelet (m)	[braslɛ]
bracelete (em couro)	bracelet (m)	[braslɛ]
pilha (f)	pile (f)	[pil]
acabar (vi)	être déchargé	[ɛtr deʃarʒe]
trocar a pilha	changer de pile	[ʃɑ̃ʒe də pil]
estar adiantado	avancer (vi)	[avɑ̃se]
estar atrasado	retarder (vi)	[rətarde]
relógio (m) de parede	pendule (f)	[pɑ̃dyl]
ampulheta (f)	sablier (m)	[sablije]
relógio (m) de sol	cadran (m) solaire	[kadrɑ̃ sɔlɛr]
despertador (m)	réveil (m)	[revɛj]
relojoeiro (m)	horloger (m)	[ɔrlɔʒe]
reparar (vt)	réparer (vt)	[repare]

Alimentação. Nutrição

41. Comida

carne (f)	viande (f)	[vjãd]
galinha (f)	poulet (m)	[pulɛ]
frango (m)	poulet (m)	[pulɛ]
pato (m)	canard (m)	[kanar]
ganso (m)	oie (f)	[wa]
caça (f)	gibier (m)	[ʒibje]
peru (m)	dinde (f)	[dɛ̃d]
carne (f) de porco	du porc	[dy pɔr]
carne (f) de vitela	du veau	[dy vo]
carne (f) de carneiro	du mouton	[dy mutõ]
carne (f) de vaca	du bœuf	[dy bœf]
carne (f) de coelho	lapin (m)	[lapɛ̃]
linguiça (f), salsichão (m)	saucisson (m)	[sosisõ]
salsicha (f)	saucisse (f)	[sosis]
bacon (m)	bacon (m)	[bekɔn]
presunto (m)	jambon (m)	[ʒãbõ]
pernil (m) de porco	cuisse (f)	[kɥis]
patê (m)	pâté (m)	[pate]
fígado (m)	foie (m)	[fwa]
guisado (m)	farce (f)	[fars]
língua (f)	langue (f)	[lãg]
ovo (m)	œuf (m)	[œf]
ovos (m pl)	les œufs	[lezø]
clara (f) de ovo	blanc (m) d'œuf	[blã dœf]
gema (f) de ovo	jaune (m) d'œuf	[ʒon dœf]
peixe (m)	poisson (m)	[pwasõ]
mariscos (m pl)	fruits (m pl) de mer	[frɥi də mɛr]
crustáceos (m pl)	crustacés (m pl)	[krystase]
caviar (m)	caviar (m)	[kavjar]
caranguejo (m)	crabe (m)	[krab]
camarão (m)	crevette (f)	[krəvɛt]
ostra (f)	huître (f)	[ɥitr]
lagosta (f)	langoustine (f)	[lãgustin]
polvo (m)	poulpe (m)	[pulp]
lula (f)	calamar (m)	[kalamar]
esturjão (m)	esturgeon (m)	[ɛstyrʒõ]
salmão (m)	saumon (m)	[somõ]
halibute (m)	flétan (m)	[fletã]
bacalhau (m)	morue (f)	[mɔry]

cavala, sarda (f)	maquereau (m)	[makro]
atum (m)	thon (m)	[tɔ̃]
enguia (f)	anguille (f)	[ɑ̃gij]
truta (f)	truite (f)	[trɥit]
sardinha (f)	sardine (f)	[sardin]
lúcio (m)	brochet (m)	[brɔʃɛ]
arenque (m)	hareng (m)	[arɑ̃]
pão (m)	pain (m)	[pɛ̃]
queijo (m)	fromage (m)	[frɔmaʒ]
açúcar (m)	sucre (m)	[sykr]
sal (m)	sel (m)	[sɛl]
arroz (m)	riz (m)	[ri]
massas (f pl)	pâtes (m pl)	[pɑt]
talharim, miojo (m)	nouilles (f pl)	[nuj]
manteiga (f)	beurre (m)	[bœr]
óleo (m) vegetal	huile (f) végétale	[ɥil veʒetal]
óleo (m) de girassol	huile (f) de tournesol	[ɥil də turnəsɔl]
margarina (f)	margarine (f)	[margarin]
azeitonas (f pl)	olives (f pl)	[ɔliv]
azeite (m)	huile (f) d'olive	[ɥil dɔliv]
leite (m)	lait (m)	[lɛ]
leite (m) condensado	lait (m) condensé	[lɛ kɔ̃dɑ̃se]
iogurte (m)	yogourt (m)	[jaurt]
creme (m) azedo	crème (f) aigre	[krɛm ɛgr]
creme (m) de leite	crème (f)	[krɛm]
maionese (f)	sauce (f) mayonnaise	[sos majɔnɛz]
creme (m)	crème (f) au beurre	[krɛm o bœr]
grãos (m pl) de cereais	gruau (m)	[gryo]
farinha (f)	farine (f)	[farin]
enlatados (m pl)	conserves (f pl)	[kɔ̃sɛrv]
flocos (m pl) de milho	pétales (m pl) de maïs	[petal də mais]
mel (m)	miel (m)	[mjɛl]
geleia (m)	confiture (f)	[kɔ̃fityr]
chiclete (m)	gomme (f) à mâcher	[gɔm a mɑʃe]

42. Bebidas

água (f)	eau (f)	[o]
água (f) potável	eau (f) potable	[o pɔtabl]
água (f) mineral	eau (f) minérale	[o mineral]
sem gás (adj)	plate (adj)	[plat]
gaseificada (adj)	gazeuse (adj)	[gazøz]
com gás	pétillante (adj)	[petijɑ̃t]
gelo (m)	glace (f)	[glas]

com gelo	avec de la glace	[avɛk dǝla glas]
não alcoólico (adj)	sans alcool	[sɑ̃ zalkɔl]
refrigerante (m)	boisson (f) non alcoolisée	[bwasɔ̃ nɔnalkɔlize]
refresco (m)	rafraîchissement (m)	[rafrɛʃismɑ̃]
limonada (f)	limonade (f)	[limɔnad]

bebidas (f pl) alcoólicas	boissons (f pl) alcoolisées	[bwasɔ̃ alkɔlize]
vinho (m)	vin (m)	[vɛ̃]
vinho (m) branco	vin (m) blanc	[vɛ̃ blɑ̃]
vinho (m) tinto	vin (m) rouge	[vɛ̃ ruʒ]

licor (m)	liqueur (f)	[likœr]
champanhe (m)	champagne (m)	[ʃɑ̃paɲ]
vermute (m)	vermouth (m)	[vɛrmut]

uísque (m)	whisky (m)	[wiski]
vodca (f)	vodka (f)	[vɔdka]
gim (m)	gin (m)	[dʒin]
conhaque (m)	cognac (m)	[kɔɲak]
rum (m)	rhum (m)	[rɔm]

café (m)	café (m)	[kafe]
café (m) preto	café (m) noir	[kafe nwar]
café (m) com leite	café (m) au lait	[kafe o lɛ]
cappuccino (m)	cappuccino (m)	[kaputʃino]
café (m) solúvel	café (m) soluble	[kafe sɔlybl]

leite (m)	lait (m)	[lɛ]
coquetel (m)	cocktail (m)	[kɔktɛl]
batida (f), milkshake (m)	cocktail (m) au lait	[kɔktɛl o lɛ]

suco (m)	jus (m)	[ʒy]
suco (m) de tomate	jus (m) de tomate	[ʒy dǝ tɔmat]
suco (m) de laranja	jus (m) d'orange	[ʒy dɔrɑ̃ʒ]
suco (m) fresco	jus (m) pressé	[ʒy prese]

cerveja (f)	bière (f)	[bjɛr]
cerveja (f) clara	bière (f) blonde	[bjɛr blɔ̃d]
cerveja (f) preta	bière (f) brune	[bjɛr bryn]

chá (m)	thé (m)	[te]
chá (m) preto	thé (m) noir	[te nwar]
chá (m) verde	thé (m) vert	[te vɛr]

43. Vegetais

| vegetais (m pl) | légumes (m pl) | [legym] |
| verdura (f) | verdure (f) | [vɛrdyr] |

tomate (m)	tomate (f)	[tɔmat]
pepino (m)	concombre (m)	[kɔ̃kɔ̃br]
cenoura (f)	carotte (f)	[karɔt]
batata (f)	pomme (f) de terre	[pɔm dǝ tɛr]
cebola (f)	oignon (m)	[ɔɲɔ̃]

alho (m)	**ail** (m)	[aj]
couve (f)	**chou** (m)	[ʃu]
couve-flor (f)	**chou-fleur** (m)	[ʃuflœr]
couve-de-bruxelas (f)	**chou** (m) **de Bruxelles**	[ʃu də brysɛl]
brócolis (m pl)	**brocoli** (m)	[brɔkɔli]

beterraba (f)	**betterave** (f)	[bɛtrav]
berinjela (f)	**aubergine** (f)	[obɛrʒin]
abobrinha (f)	**courgette** (f)	[kurʒɛt]
abóbora (f)	**potiron** (m)	[pɔtirɔ̃]
nabo (m)	**navet** (m)	[navɛ]

salsa (f)	**persil** (m)	[pɛrsi]
endro, aneto (m)	**fenouil** (m)	[fənuj]
alface (f)	**laitue** (f), **salade** (f)	[lety], [salad]
aipo (m)	**céleri** (m)	[sɛlri]
aspargo (m)	**asperge** (f)	[aspɛrʒ]
espinafre (m)	**épinard** (m)	[epinar]

ervilha (f)	**pois** (m)	[pwa]
feijão (~ soja, etc.)	**fèves** (f pl)	[fɛv]
milho (m)	**maïs** (m)	[mais]
feijão (m) roxo	**haricot** (m)	[ariko]

pimentão (m)	**poivron** (m)	[pwavrɔ̃]
rabanete (m)	**radis** (m)	[radi]
alcachofra (f)	**artichaut** (m)	[artiʃo]

44. Frutos. Nozes

fruta (f)	**fruit** (m)	[frɥi]
maçã (f)	**pomme** (f)	[pɔm]
pera (f)	**poire** (f)	[pwar]
limão (m)	**citron** (m)	[sitrɔ̃]
laranja (f)	**orange** (f)	[ɔrɑ̃ʒ]
morango (m)	**fraise** (f)	[frɛz]

tangerina (f)	**mandarine** (f)	[mɑ̃darin]
ameixa (f)	**prune** (f)	[pryn]
pêssego (m)	**pêche** (f)	[pɛʃ]
damasco (m)	**abricot** (m)	[abriko]
framboesa (f)	**framboise** (f)	[frɑ̃bwaz]
abacaxi (m)	**ananas** (m)	[anana]

banana (f)	**banane** (f)	[banan]
melancia (f)	**pastèque** (f)	[pastɛk]
uva (f)	**raisin** (m)	[rɛzɛ̃]
ginja (f)	**cerise** (f)	[səriz]
cereja (f)	**merise** (f)	[məriz]
melão (m)	**melon** (m)	[məlɔ̃]

toranja (f)	**pamplemousse** (m)	[pɑ̃pləmus]
abacate (m)	**avocat** (m)	[avɔka]
mamão (m)	**papaye** (f)	[papaj]

| manga (f) | mangue (f) | [mãg] |
| romã (f) | grenade (f) | [grənad] |

groselha (f) vermelha	groseille (f) rouge	[grozɛj ruʒ]
groselha (f) negra	cassis (m)	[kasis]
groselha (f) espinhosa	groseille (f) verte	[grozɛj vɛrt]
mirtilo (m)	myrtille (f)	[mirtij]
amora (f) silvestre	mûre (f)	[myr]

passa (f)	raisin (m) sec	[rɛzɛ̃ sɛk]
figo (m)	figue (f)	[fig]
tâmara (f)	datte (f)	[dat]

amendoim (m)	cacahuète (f)	[kakawɛt]
amêndoa (f)	amande (f)	[amãd]
noz (f)	noix (f)	[nwa]
avelã (f)	noisette (f)	[nwazɛt]
coco (m)	noix (f) de coco	[nwa də kɔkɔ]
pistaches (m pl)	pistaches (f pl)	[pistaʃ]

45. Pão. Bolaria

pastelaria (f)	confiserie (f)	[kɔ̃fizri]
pão (m)	pain (m)	[pɛ̃]
biscoito (m), bolacha (f)	biscuit (m)	[biskɥi]

chocolate (m)	chocolat (m)	[ʃɔkɔla]
de chocolate	en chocolat (adj)	[ã ʃɔkɔla]
bala (f)	bonbon (m)	[bɔ̃bɔ̃]
doce (bolo pequeno)	gâteau (m)	[gato]
bolo (m) de aniversário	tarte (f)	[tart]

| torta (f) | gâteau (m) | [gato] |
| recheio (m) | garniture (f) | [garnityr] |

geleia (m)	confiture (f)	[kɔ̃fityr]
marmelada (f)	marmelade (f)	[marmǝlad]
wafers (m pl)	gaufre (f)	[gofr]
sorvete (m)	glace (f)	[glas]
pudim (m)	pudding (m)	[pudiŋ]

46. Pratos cozinhados

prato (m)	plat (m)	[pla]
cozinha (~ portuguesa)	cuisine (f)	[kɥizin]
receita (f)	recette (f)	[rǝsɛt]
porção (f)	portion (f)	[pɔrsjɔ̃]

salada (f)	salade (f)	[salad]
sopa (f)	soupe (f)	[sup]
caldo (m)	bouillon (m)	[bujɔ̃]
sanduíche (m)	sandwich (m)	[sãdwitʃ]

ovos (m pl) fritos	les œufs brouillés	[lezø bruje]
hambúrguer (m)	hamburger (m)	[ãbœrgœr]
bife (m)	steak (m)	[stɛk]

acompanhamento (m)	garniture (f)	[garnityr]
espaguete (m)	spaghettis (m pl)	[spagɛti]
purê (m) de batata	purée (f)	[pyre]
pizza (f)	pizza (f)	[pidza]
mingau (m)	bouillie (f)	[buji]
omelete (f)	omelette (f)	[ɔmlɛt]

fervido (adj)	cuit à l'eau (adj)	[kɥitɑlo]
defumado (adj)	fumé (adj)	[fyme]
frito (adj)	frit (adj)	[fri]
seco (adj)	sec (adj)	[sɛk]
congelado (adj)	congelé (adj)	[kɔ̃ʒle]
em conserva (adj)	mariné (adj)	[marine]

doce (adj)	sucré (adj)	[sykre]
salgado (adj)	salé (adj)	[sale]
frio (adj)	froid (adj)	[frwa]
quente (adj)	chaud (adj)	[ʃo]
amargo (adj)	amer (adj)	[amɛr]
gostoso (adj)	bon (adj)	[bɔ̃]

cozinhar em água fervente	cuire à l'eau	[kɥir a lo]
preparar (vt)	préparer (vt)	[prepare]
fritar (vt)	faire frire	[fɛr frir]
aquecer (vt)	réchauffer (vt)	[reʃofe]

salgar (vt)	saler (vt)	[sale]
apimentar (vt)	poivrer (vt)	[pwavre]
ralar (vt)	râper (vt)	[rɑpe]
casca (f)	peau (f)	[po]
descascar (vt)	éplucher (vt)	[eplyʃe]

47. Especiarias

sal (m)	sel (m)	[sɛl]
salgado (adj)	salé (adj)	[sale]
salgar (vt)	saler (vt)	[sale]

pimenta-do-reino (f)	poivre (m) noir	[pwavr nwar]
pimenta (f) vermelha	poivre (m) rouge	[pwavr ruʒ]
mostarda (f)	moutarde (f)	[mutard]
raiz-forte (f)	raifort (m)	[rɛfor]

condimento (m)	condiment (m)	[kɔ̃dimã]
especiaria (f)	épice (f)	[epis]
molho (~ inglês)	sauce (f)	[sos]
vinagre (m)	vinaigre (m)	[vinɛgr]

anis estrelado (m)	anis (m)	[ani(s)]
manjericão (m)	basilic (m)	[bazilik]

cravo (m)	clou (m) de girofle	[klu də ʒirɔfl]
gengibre (m)	gingembre (m)	[ʒɛ̃ʒãbr]
coentro (m)	coriandre (m)	[kɔrjãdr]
canela (f)	cannelle (f)	[kanɛl]

gergelim (m)	sésame (m)	[sezam]
folha (f) de louro	feuille (f) de laurier	[fœj də lɔrje]
páprica (f)	paprika (m)	[paprika]
cominho (m)	cumin (m)	[kymɛ̃]
açafrão (m)	safran (m)	[safrã]

48. Refeições

| comida (f) | nourriture (f) | [nurityr] |
| comer (vt) | manger (vi, vt) | [mãʒe] |

café (m) da manhã	petit déjeuner (m)	[pəti deʒœne]
tomar café da manhã	prendre le petit déjeuner	[prãdr ləpti deʒœne]
almoço (m)	déjeuner (m)	[deʒœne]
almoçar (vi)	déjeuner (vi)	[deʒœne]
jantar (m)	dîner (m)	[dine]
jantar (vi)	dîner (vi)	[dine]

| apetite (m) | appétit (m) | [apeti] |
| Bom apetite! | Bon appétit! | [bɔn apeti] |

abrir (~ uma lata, etc.)	ouvrir (vt)	[uvrir]
derramar (~ líquido)	renverser (vt)	[rãvɛrse]
derramar-se (vr)	se renverser (vp)	[sə rãvɛrse]

ferver (vi)	bouillir (vi)	[bujir]
ferver (vt)	faire bouillir	[fɛr bujir]
fervido (adj)	bouilli (adj)	[buji]

| esfriar (vt) | refroidir (vt) | [rəfrwadir] |
| esfriar-se (vr) | se refroidir (vp) | [sə rəfrwadir] |

| sabor, gosto (m) | goût (m) | [gu] |
| fim (m) de boca | arrière-goût (m) | [arjɛrgu] |

emagrecer (vi)	suivre un régime	[sɥivr œ̃ reʒim]
dieta (f)	régime (m)	[reʒim]
vitamina (f)	vitamine (f)	[vitamin]
caloria (f)	calorie (f)	[kalɔri]

| vegetariano (m) | végétarien (m) | [veʒetarjɛ̃] |
| vegetariano (adj) | végétarien (adj) | [veʒetarjɛ̃] |

gorduras (f pl)	lipides (m pl)	[lipid]
proteínas (f pl)	protéines (f pl)	[prɔtein]
carboidratos (m pl)	glucides (m pl)	[glysid]
fatia (~ de limão, etc.)	tranche (f)	[trãʃ]
pedaço (~ de bolo)	morceau (m)	[mɔrso]
migalha (f), farelo (m)	miette (f)	[mjɛt]

49. Por a mesa

colher (f)	cuillère (f)	[kɥijɛr]
faca (f)	couteau (m)	[kuto]
garfo (m)	fourchette (f)	[furʃɛt]
xícara (f)	tasse (f)	[tɑs]
prato (m)	assiette (f)	[asjɛt]
pires (m)	soucoupe (f)	[sukup]
guardanapo (m)	serviette (f)	[sɛrvjɛt]
palito (m)	cure-dent (m)	[kyrdɑ̃]

50. Restaurante

restaurante (m)	restaurant (m)	[rɛstɔrɑ̃]
cafeteria (f)	salon (m) de café	[salɔ̃ də kafe]
bar (m), cervejaria (f)	bar (m)	[bar]
salão (m) de chá	salon (m) de thé	[salɔ̃ də te]
garçom (m)	serveur (m)	[sɛrvœr]
garçonete (f)	serveuse (f)	[sɛrvøz]
barman (m)	barman (m)	[barman]
cardápio (m)	carte (f)	[kart]
lista (f) de vinhos	carte (f) des vins	[kart de vɛ̃]
reservar uma mesa	réserver une table	[rezɛrve yn tabl]
prato (m)	plat (m)	[pla]
pedir (vt)	commander (vt)	[kɔmɑ̃de]
fazer o pedido	faire la commande	[fɛr la kɔmɑ̃d]
aperitivo (m)	apéritif (m)	[aperitif]
entrada (f)	hors-d'œuvre (m)	[ɔrdœvr]
sobremesa (f)	dessert (m)	[desɛr]
conta (f)	addition (f)	[adisjɔ̃]
pagar a conta	régler l'addition	[regle ladisjɔ̃]
dar o troco	rendre la monnaie	[rɑ̃dr la mɔnɛ]
gorjeta (f)	pourboire (m)	[purbwar]

Família, parentes e amigos

51. Informação pessoal. Formulários

nome (m)	prénom (m)	[prenɔ̃]
sobrenome (m)	nom (m) de famille	[nɔ̃ də famij]
data (f) de nascimento	date (f) de naissance	[dat də nɛsɑ̃s]
local (m) de nascimento	lieu (m) de naissance	[ljø də nɛsɑ̃s]
nacionalidade (f)	nationalité (f)	[nasjɔnalite]
lugar (m) de residência	domicile (m)	[dɔmisil]
país (m)	pays (m)	[pei]
profissão (f)	profession (f)	[prɔfɛsjɔ̃]
sexo (m)	sexe (m)	[sɛks]
estatura (f)	taille (f)	[taj]
peso (m)	poids (m)	[pwa]

52. Membros da família. Parentes

mãe (f)	mère (f)	[mɛr]
pai (m)	père (m)	[pɛr]
filho (m)	fils (m)	[fis]
filha (f)	fille (f)	[fij]
caçula (f)	fille (f) cadette	[fij kadɛt]
caçula (m)	fils (m) cadet	[fis kadɛ]
filha (f) mais velha	fille (f) aînée	[fij ene]
filho (m) mais velho	fils (m) aîné	[fis ene]
irmão (m)	frère (m)	[frɛr]
irmã (f)	sœur (f)	[sœr]
primo (m)	cousin (m)	[kuzɛ̃]
prima (f)	cousine (f)	[kuzin]
mamãe (f)	maman (f)	[mamɑ̃]
papai (m)	papa (m)	[papa]
pais (pl)	parents (pl)	[parɑ̃]
criança (f)	enfant (m, f)	[ɑ̃fɑ̃]
crianças (f pl)	enfants (pl)	[ɑ̃fɑ̃]
avó (f)	grand-mère (f)	[grɑ̃mɛr]
avô (m)	grand-père (m)	[grɑ̃pɛr]
neto (m)	petit-fils (m)	[pti fis]
neta (f)	petite-fille (f)	[ptit fij]
netos (pl)	petits-enfants (pl)	[pətizɑ̃fɑ̃]
tio (m)	oncle (m)	[ɔ̃kl]
tia (f)	tante (f)	[tɑ̃t]

sobrinho (m)	neveu (m)	[nəvø]
sobrinha (f)	nièce (f)	[njɛs]

sogra (f)	belle-mère (f)	[bɛlmɛr]
sogro (m)	beau-père (m)	[bopɛr]
genro (m)	gendre (m)	[ʒãdr]
madrasta (f)	belle-mère, marâtre (f)	[bɛlmɛr], [marɑtr]
padrasto (m)	beau-père (m)	[bopɛr]

criança (f) de colo	nourrisson (m)	[nurisɔ̃]
bebê (m)	bébé (m)	[bebe]
menino (m)	petit (m)	[pti]

mulher (f)	femme (f)	[fam]
marido (m)	mari (m)	[mari]
esposo (m)	époux (m)	[epu]
esposa (f)	épouse (f)	[epuz]

casado (adj)	marié (adj)	[marje]
casada (adj)	mariée (adj)	[marje]
solteiro (adj)	célibataire (adj)	[selibatɛr]
solteirão (m)	célibataire (m)	[selibatɛr]
divorciado (adj)	divorcé (adj)	[divɔrse]
viúva (f)	veuve (f)	[vœv]
viúvo (m)	veuf (m)	[vœf]

parente (m)	parent (m)	[parã]
parente (m) próximo	parent (m) proche	[parã prɔʃ]
parente (m) distante	parent (m) éloigné	[parã elwaɲe]
parentes (m pl)	parents (m pl)	[parã]

órfão (m)	orphelin (m)	[ɔrfəlɛ̃]
órfã (f)	orpheline (f)	[ɔrfəlin]
tutor (m)	tuteur (m)	[tytœr]
adotar (um filho)	adopter (vt)	[adɔpte]
adotar (uma filha)	adopter (vt)	[adɔpte]

53. Amigos. Colegas de trabalho

amigo (m)	ami (m)	[ami]
amiga (f)	amie (f)	[ami]
amizade (f)	amitié (f)	[amitje]
ser amigos	être ami	[ɛtr ami]

amigo (m)	copain (m)	[kɔpɛ̃]
amiga (f)	copine (f)	[kɔpin]
parceiro (m)	partenaire (m)	[partənɛr]

chefe (m)	chef (m)	[ʃɛf]
superior (m)	supérieur (m)	[syperjœr]
proprietário (m)	propriétaire (m)	[prɔprijetɛr]
subordinado (m)	subordonné (m)	[sybɔrdɔne]
colega (m, f)	collègue (m, f)	[kɔlɛg]
conhecido (m)	connaissance (f)	[kɔnɛsãs]

companheiro (m) de viagem	compagnon (m) de route	[kɔ̃paɲɔ̃ də rut]
colega (m) de classe	copain (m) de classe	[kɔpɛ̃ də klas]

vizinho (m)	voisin (m)	[vwazɛ̃]
vizinha (f)	voisine (f)	[vwazin]
vizinhos (pl)	voisins (m pl)	[vwazɛ̃]

54. Homem. Mulher

mulher (f)	femme (f)	[fam]
menina (f)	jeune fille (f)	[ʒœn fij]
noiva (f)	fiancée (f)	[fijɑ̃se]

bonita, bela (adj)	belle (adj)	[bɛl]
alta (adj)	de grande taille	[də grɑ̃d taj]
esbelta (adj)	svelte (adj)	[svɛlt]
baixa (adj)	de petite taille	[də ptit taj]

loira (f)	blonde (f)	[blɔ̃d]
morena (f)	brune (f)	[brœn]

de senhora	de femme (adj)	[də fam]
virgem (f)	vierge (f)	[vjɛrʒ]
grávida (adj)	enceinte (adj)	[ɑ̃sɛ̃t]

homem (m)	homme (m)	[ɔm]
loiro (m)	blond (m)	[blɔ̃]
moreno (m)	brun (m)	[brœ̃]
alto (adj)	de grande taille	[də grɑ̃d taj]
baixo (adj)	de petite taille	[də ptit taj]

rude (adj)	rude (adj)	[ryd]
atarracado (adj)	trapu (adj)	[trapy]
robusto (adj)	robuste (adj)	[rɔbyst]
forte (adj)	fort (adj)	[fɔr]
força (f)	force (f)	[fɔrs]

gordo (adj)	gros (adj)	[gro]
moreno (adj)	basané (adj)	[bazane]
esbelto (adj)	svelte (adj)	[svɛlt]
elegante (adj)	élégant (adj)	[elegɑ̃]

55. Idade

idade (f)	âge (m)	[ɑʒ]
juventude (f)	jeunesse (f)	[ʒœnɛs]
jovem (adj)	jeune (adj)	[ʒœn]

mais novo (adj)	plus jeune (adj)	[ply ʒœn]
mais velho (adj)	plus âgé (adj)	[plyzɑʒe]
jovem (m)	jeune homme (m)	[ʒœn ɔm]
adolescente (m)	adolescent (m)	[adɔlesɑ̃]

rapaz (m)	gars (m)	[ga]
velho (m)	vieillard (m)	[vjɛjar]
velha (f)	vieille femme (f)	[vjɛj fam]

adulto	adulte (m)	[adylt]
de meia-idade	d'âge moyen (adj)	[dɑʒ mwajɛ̃]
idoso, de idade (adj)	âgé (adj)	[aʒe]
velho (adj)	vieux (adj)	[vjø]

aposentadoria (f)	retraite (f)	[rətrɛt]
aposentar-se (vr)	prendre sa retraite	[prɑ̃dr sa rətrɛt]
aposentado (m)	retraité (m)	[rətrɛte]

56. Crianças

criança (f)	enfant (m, f)	[ɑ̃fɑ̃]
crianças (f pl)	enfants (pl)	[ɑ̃fɑ̃]
gêmeos (m pl), gêmeas (f pl)	jumeaux (m pl)	[ʒymo]

berço (m)	berceau (m)	[bɛrso]
chocalho (m)	hochet (m)	[ɔʃɛ]
fralda (f)	couche (f)	[kuʃ]

chupeta (f), bico (m)	tétine (f)	[tetin]
carrinho (m) de bebê	poussette (m)	[pusɛt]
jardim (m) de infância	école (f) maternelle	[ekɔl matɛrnɛl]
babysitter, babá (f)	baby-sitter (m, f)	[bebisitœr]

infância (f)	enfance (f)	[ɑ̃fɑ̃s]
boneca (f)	poupée (f)	[pupe]
brinquedo (m)	jouet (m)	[ʒwɛ]
jogo (m) de montar	jeu (m) de construction	[ʒø də kɔ̃stryksjɔ̃]
bem-educado (adj)	bien élevé (adj)	[bjɛn elve]
malcriado (adj)	mal élevé (adj)	[mal elve]
mimado (adj)	gâté (adj)	[gɑte]

ser travesso	faire le vilain	[fɛr lə vilɛ̃]
travesso, traquinas (adj)	vilain (adj)	[vilɛ̃]
travessura (f)	espièglerie (f)	[ɛspjɛgləri]
criança (f) travessa	vilain (m)	[vilɛ̃]

| obediente (adj) | obéissant (adj) | [ɔbeisɑ̃] |
| desobediente (adj) | désobéissant (adj) | [dezɔbeisɑ̃] |

dócil (adj)	sage (adj)	[saʒ]
inteligente (adj)	intelligent (adj)	[ɛ̃teliʒɑ̃]
prodígio (m)	l'enfant prodige	[lɑ̃fɑ̃ prɔdiʒ]

57. Casais. Vida de família

| beijar (vt) | embrasser (vt) | [ɑ̃brase] |
| beijar-se (vr) | s'embrasser (vp) | [sɑ̃brase] |

família (f)	famille (f)	[famij]
familiar (vida ~)	familial (adj)	[familjal]
casal (m)	couple (m)	[kupl]
matrimônio (m)	mariage (m)	[marjaʒ]
lar (m)	foyer (m) familial	[fwaje familjal]
dinastia (f)	dynastie (f)	[dinasti]
encontro (m)	rendez-vous (m)	[rɑ̃devu]
beijo (m)	baiser (m)	[beze]
amor (m)	amour (m)	[amur]
amar (pessoa)	aimer (vt)	[eme]
amado, querido (adj)	aimé (adj)	[eme]
ternura (f)	tendresse (f)	[tɑ̃drɛs]
afetuoso (adj)	tendre (adj)	[tɑ̃dr]
fidelidade (f)	fidélité (f)	[fidelite]
fiel (adj)	fidèle (adj)	[fidɛl]
cuidado (m)	soin (m)	[swk]
carinhoso (adj)	attentionné (adj)	[atɑ̃sjone]
recém-casados (pl)	jeunes mariés (pl)	[ʒœ̃ marje]
lua (f) de mel	lune (f) de miel	[lyn də mjɛl]
casar-se (com um homem)	se marier (vp)	[sə marje]
casar-se (com uma mulher)	se marier (vp)	[sə marje]
casamento (m)	mariage (m)	[marjaʒ]
bodas (f pl) de ouro	les noces d'or	[le nɔs dɔr]
aniversário (m)	anniversaire (m)	[anivɛrsɛr]
amante (m)	amant (m)	[amɑ̃]
amante (f)	maîtresse (f)	[mɛtrɛs]
adultério (m), traição (f)	adultère (m)	[adyltɛr]
cometer adultério	commettre l'adultère	[kɔmɛtr ladyltɛr]
ciumento (adj)	jaloux (adj)	[ʒalu]
ser ciumento, -a	être jaloux	[ɛtr ʒalu]
divórcio (m)	divorce (m)	[divɔrs]
divorciar-se (vr)	divorcer (vi)	[divɔrse]
brigar (discutir)	se disputer (vp)	[sə dispyte]
fazer as pazes	se réconcilier (vp)	[sə rekɔ̃silje]
juntos (ir ~)	ensemble (adv)	[ɑ̃sɑ̃bl]
sexo (m)	sexe (m)	[sɛks]
felicidade (f)	bonheur (m)	[bɔnœr]
feliz (adj)	heureux (adj)	[œrø]
infelicidade (f)	malheur (m)	[malœr]
infeliz (adj)	malheureux (adj)	[malœrø]

Caráter. Sentimentos. Emoções

58. Sentimentos. Emoções

sentimento (m)	sentiment (m)	[sãtimã]
sentimentos (m pl)	sentiments (m pl)	[sãtimã]
sentir (vt)	sentir (vt)	[sãtir]
fome (f)	faim (f)	[fɛ̃]
ter fome	avoir faim	[avwar fɛ̃]
sede (f)	soif (f)	[swaf]
ter sede	avoir soif	[avwar swaf]
sonolência (f)	somnolence (f)	[sɔmnifɛr]
estar sonolento	avoir sommeil	[avwar sɔmɛj]
cansaço (m)	fatigue (f)	[fatig]
cansado (adj)	fatigué (adj)	[fatige]
ficar cansado	être fatigué	[ɛtr fatige]
humor (m)	humeur (f)	[ymœr]
tédio (m)	ennui (m)	[ãnɥi]
entediar-se (vr)	s'ennuyer (vp)	[sãnɥije]
reclusão (isolamento)	solitude (f)	[sɔlityd]
isolar-se (vr)	s'isoler (vp)	[sizɔle]
preocupar (vt)	inquiéter (vt)	[ɛ̃kjete]
estar preocupado	s'inquiéter (vp)	[sɛ̃kjete]
preocupação (f)	inquiétude (f)	[ɛ̃kjetyd]
ansiedade (f)	préoccupation (f)	[preɔkypasjɔ̃]
preocupado (adj)	soucieux (adj)	[susjø]
estar nervoso	s'énerver (vp)	[senɛrve]
entrar em pânico	paniquer (vi)	[panike]
esperança (f)	espoir (m)	[ɛspwar]
esperar (vt)	espérer (vi)	[ɛspere]
certeza (f)	certitude (f)	[sɛrtityd]
certo, seguro de ...	certain (adj)	[sɛrtɛ̃]
indecisão (f)	incertitude (f)	[ɛ̃sɛrtityd]
indeciso (adj)	incertain (adj)	[ɛ̃sɛrtɛ̃]
bêbado (adj)	ivre (adj)	[ivr]
sóbrio (adj)	sobre (adj)	[sɔbr]
fraco (adj)	faible (adj)	[fɛbl]
feliz (adj)	heureux (adj)	[œrø]
assustar (vt)	faire peur	[fɛr pœr]
fúria (f)	fureur (f)	[fyrœr]
ira, raiva (f)	rage (f), colère (f)	[raʒ], [kɔlɛr]
depressão (f)	dépression (f)	[depresjɔ̃]
desconforto (m)	inconfort (m)	[ɛ̃kɔ̃fɔr]

conforto (m)	confort (m)	[kɔ̃fɔr]
arrepender-se (vr)	regretter (vt)	[rəgrɛte]
arrependimento (m)	regret (m)	[rəgrɛ]
azar (m), má sorte (f)	malchance (f)	[malʃɑ̃s]
tristeza (f)	tristesse (f)	[tristɛs]
vergonha (f)	honte (f)	[ɔ̃t]
alegria (f)	joie, allégresse (f)	[ʒwa], [alegrɛs]
entusiasmo (m)	enthousiasme (m)	[ɑ̃tuzjasm]
entusiasta (m)	enthousiaste (m)	[ɑ̃tuzjast]
mostrar entusiasmo	avoir de l'enthousiasme	[avwar də lɑ̃tuzjasm]

59. Caráter. Personalidade

caráter (m)	caractère (m)	[karaktɛr]
falha (f) de caráter	défaut (m)	[defo]
mente (f)	esprit (m)	[ɛspri]
razão (f)	raison (f)	[rɛzɔ̃]
consciência (f)	conscience (f)	[kɔ̃sjɑ̃s]
hábito, costume (m)	habitude (f)	[abityd]
habilidade (f)	capacité (f)	[kapasite]
saber (~ nadar, etc.)	savoir (vt)	[savwar]
paciente (adj)	patient (adj)	[pasjɑ̃]
impaciente (adj)	impatient (adj)	[ɛ̃pasjɑ̃]
curioso (adj)	curieux (adj)	[kyrjø]
curiosidade (f)	curiosité (f)	[kyrjozite]
modéstia (f)	modestie (f)	[mɔdɛsti]
modesto (adj)	modeste (adj)	[mɔdɛst]
imodesto (adj)	vaniteux (adj)	[vanitø]
preguiça (f)	paresse (f)	[parɛs]
preguiçoso (adj)	paresseux (adj)	[parɛsø]
preguiçoso (m)	paresseux (m)	[parɛsø]
astúcia (f)	astuce (f)	[astys]
astuto (adj)	rusé (adj)	[ryze]
desconfiança (f)	méfiance (f)	[mefjɑ̃s]
desconfiado (adj)	méfiant (adj)	[mefjɑ̃]
generosidade (f)	générosité (f)	[ʒenerɔzite]
generoso (adj)	généreux (adj)	[ʒenerø]
talentoso (adj)	doué (adj)	[dwe]
talento (m)	talent (m)	[talɑ̃]
corajoso (adj)	courageux (adj)	[kuraʒø]
coragem (f)	courage (m)	[kuraʒ]
honesto (adj)	honnête (adj)	[ɔnɛt]
honestidade (f)	honnêteté (f)	[ɔnɛtte]
prudente, cuidadoso (adj)	prudent (adj)	[prydɑ̃]
valoroso (adj)	courageux (adj)	[kuraʒø]

| sério (adj) | sérieux (adj) | [serjø] |
| severo (adj) | sévère (adj) | [sevɛr] |

decidido (adj)	décidé (adj)	[deside]
indeciso (adj)	indécis (adj)	[ɛ̃desi]
tímido (adj)	timide (adj)	[timid]
timidez (f)	timidité (f)	[timidite]

confiança (f)	confiance (f)	[kɔ̃fjɑ̃s]
confiar (vt)	croire (vt)	[krwar]
crédulo (adj)	confiant (adj)	[kɔ̃fjɑ̃]

sinceramente	sincèrement (adv)	[sɛ̃sɛrmɑ̃]
sincero (adj)	sincère (adj)	[sɛ̃sɛr]
sinceridade (f)	sincérité (f)	[sɛ̃serite]
aberto (adj)	ouvert (adj)	[uvɛr]

calmo (adj)	calme (adj)	[kalm]
franco (adj)	franc (adj)	[frɑ̃]
ingênuo (adj)	naïf (adj)	[naif]
distraído (adj)	distrait (adj)	[distrɛ]
engraçado (adj)	drôle, amusant (adj)	[drol], [amyzɑ̃]

ganância (f)	avidité (f)	[avidite]
ganancioso (adj)	avare (adj)	[avar]
avarento, sovina (adj)	radin (adj)	[radɛ̃]
mal (adj)	méchant (adj)	[meʃɑ̃]
teimoso (adj)	têtu (adj)	[tety]
desagradável (adj)	désagréable (adj)	[dezagreabl]

egoísta (m)	égoïste (m)	[egɔist]
egoísta (adj)	égoïste (adj)	[egɔist]
covarde (m)	peureux (m)	[pœrø]
covarde (adj)	peureux (adj)	[pœrø]

60. O sono. Sonhos

dormir (vi)	dormir (vi)	[dɔrmir]
sono (m)	sommeil (m)	[sɔmɛj]
sonho (m)	rêve (m)	[rɛv]
sonhar (ver sonhos)	rêver (vi)	[rɛve]
sonolento (adj)	endormi (adj)	[ɑ̃dɔrmi]

cama (f)	lit (m)	[li]
colchão (m)	matelas (m)	[matla]
cobertor (m)	couverture (f)	[kuvɛrtyr]
travesseiro (m)	oreiller (m)	[ɔrɛje]
lençol (m)	drap (m)	[dra]

insônia (f)	insomnie (f)	[ɛ̃sɔmni]
sem sono (adj)	sans sommeil (adj)	[sɑ̃ sɔmɛj]
sonífero (m)	somnifère (m)	[sɔmnifɛr]
tomar um sonífero	prendre un somnifère	[prɑ̃dr œ̃ sɔmnifɛr]
estar sonolento	avoir sommeil	[avwar sɔmɛj]

bocejar (vi)	bâiller (vi)	[baje]
ir para a cama	aller se coucher	[ale sə kuʃe]
fazer a cama	faire le lit	[fɛr le li]
adormecer (vi)	s'endormir (vp)	[sãdɔrmir]
pesadelo (m)	cauchemar (m)	[koʃmar]
ronco (m)	ronflement (m)	[rõfləmã]
roncar (vi)	ronfler (vi)	[rõfle]
despertador (m)	réveil (m)	[revɛj]
acordar, despertar (vt)	réveiller (vt)	[reveje]
acordar (vi)	se réveiller (vp)	[sə reveje]
levantar-se (vr)	se lever (vp)	[sə ləve]
lavar-se (vr)	se laver (vp)	[sə lave]

61. Humor. Riso. Alegria

humor (m)	humour (m)	[ymur]
senso (m) de humor	sens (m) de l'humour	[sãs də lymur]
divertir-se (vr)	s'amuser (vp)	[samyze]
alegre (adj)	joyeux (adj)	[ʒwajø]
diversão (f)	joie, allégresse (f)	[ʒwa], [alegrɛs]
sorriso (m)	sourire (m)	[surir]
sorrir (vi)	sourire (vi)	[surir]
começar a rir	se mettre à rire	[sə mɛtr ɑ rir]
rir (vi)	rire (vi)	[rir]
riso (m)	rire (m)	[rir]
anedota (f)	anecdote (f)	[anɛkdɔt]
engraçado (adj)	drôle (adj)	[drol]
ridículo, cômico (adj)	comique, ridicule (adj)	[kɔmik], [ridikyl]
brincar (vi)	plaisanter (vi)	[plɛzãte]
piada (f)	plaisanterie (f)	[plɛzãtri]
alegria (f)	joie (f)	[ʒwa]
regozijar-se (vr)	se réjouir (vp)	[sə reʒwir]
alegre (adj)	joyeux (adj)	[ʒwajø]

62. Discussão, conversação. Parte 1

comunicação (f)	communication (f)	[kɔmynikasjõ]
comunicar-se (vr)	communiquer (vi)	[kɔmynike]
conversa (f)	conversation (f)	[kõvɛrsasjõ]
diálogo (m)	dialogue (m)	[djalɔg]
discussão (f)	discussion (f)	[diskysjõ]
debate (m)	débat (m)	[deba]
debater (vt)	discuter (vi)	[diskyte]
interlocutor (m)	interlocuteur (m)	[ɛ̃tɛrlɔkytœr]
tema (m)	sujet (m)	[syʒɛ]

ponto (m) de vista	point (m) de vue	[pwɛ̃ də vy]
opinião (f)	opinion (f)	[ɔpinjɔ̃]
discurso (m)	discours (m)	[diskur]

discussão (f)	discussion (f)	[diskysjɔ̃]
discutir (vt)	discuter (vt)	[diskyte]
conversa (f)	conversation (f)	[kɔ̃vɛrsasjɔ̃]
conversar (vi)	converser (vi)	[kɔ̃vɛrse]
reunião (f)	rencontre (f)	[rãkɔ̃tr]
encontrar-se (vr)	se rencontrer (vp)	[sə rãkɔ̃tre]

provérbio (m)	proverbe (m)	[prɔvɛrb]
ditado, provérbio (m)	dicton (m)	[diktɔ̃]
adivinha (f)	devinette (f)	[dəvinɛt]
dizer uma adivinha	poser une devinette	[poze yn dəvinɛt]
senha (f)	mot (m) de passe	[mo də pas]
segredo (m)	secret (m)	[səkrɛ]

juramento (m)	serment (m)	[sɛrmã]
jurar (vi)	jurer (vi)	[ʒyre]
promessa (f)	promesse (f)	[prɔmɛs]
prometer (vt)	promettre (vt)	[prɔmɛtr]

conselho (m)	conseil (m)	[kɔ̃sɛj]
aconselhar (vt)	conseiller (vt)	[kɔ̃seje]
seguir o conselho	suivre le conseil	[sɥivr lə kɔ̃sɛj]
escutar (~ os conselhos)	écouter (vt)	[ekute]

novidade, notícia (f)	nouvelle (f)	[nuvɛl]
sensação (f)	sensation (f)	[sãsasjɔ̃]
informação (f)	renseignements (m pl)	[rãsɛɲəmã]
conclusão (f)	conclusion (f)	[kɔ̃klyzjɔ̃]
voz (f)	voix (f)	[vwa]
elogio (m)	compliment (m)	[kɔ̃plimã]
amável, querido (adj)	aimable (adj)	[ɛmabl]

palavra (f)	mot (m)	[mo]
frase (f)	phrase (f)	[fraz]
resposta (f)	réponse (f)	[repɔ̃s]
verdade (f)	vérité (f)	[verite]
mentira (f)	mensonge (m)	[mãsɔ̃ʒ]

pensamento (m)	pensée (f)	[pãse]
ideia (f)	idée (f)	[ide]
fantasia (f)	fantaisie (f)	[fãtezi]

63. Discussão, conversação. Parte 2

estimado, respeitado (adj)	respecté (adj)	[rɛspɛkte]
respeitar (vt)	respecter (vt)	[rɛspɛkte]
respeito (m)	respect (m)	[rɛspɛ]
Estimado ..., Caro ...	Cher ...	[ʃɛr ...]
apresentar (alguém a alguém)	présenter (vt)	[prezãte]

conhecer (vt)	faire la connaissance	[fɛr la kɔnɛsãs]
intenção (f)	intention (f)	[ɛ̃tãsjõ]
tencionar (~ fazer algo)	avoir l'intention	[avwar lɛ̃tãsjõ]
desejo (de boa sorte)	souhait (m)	[swɛ]
desejar (ex. ~ boa sorte)	souhaiter (vt)	[swete]
surpresa (f)	étonnement (m)	[etɔnmã]
surpreender (vt)	étonner (vt)	[etɔne]
surpreender-se (vr)	s'étonner (vp)	[setɔne]
dar (vt)	donner (vt)	[dɔne]
pegar (tomar)	prendre (vt)	[prãdr]
devolver (vt)	rendre (vt)	[rãdr]
retornar (vt)	retourner (vt)	[rəturne]
desculpar-se (vr)	s'excuser (vp)	[sɛkskyze]
desculpa (f)	excuse (f)	[ɛkskyz]
perdoar (vt)	pardonner (vt)	[pardɔne]
falar (vi)	parler (vi)	[parle]
escutar (vt)	écouter (vt)	[ekute]
ouvir até o fim	écouter jusqu'au bout	[ekute ʒyskə bu]
entender (compreender)	comprendre (vt)	[kõprãdr]
mostrar (vt)	montrer (vt)	[mõtre]
olhar para ...	regarder (vt)	[rəgarde]
chamar (alguém para ...)	appeler (vt)	[aple]
perturbar, distrair (vt)	distraire (vt)	[distrɛr]
perturbar (vt)	ennuyer (vt)	[ãnɥije]
entregar (~ em mãos)	passer (vt)	[pɑse]
pedido (m)	prière (f)	[prijɛr]
pedir (ex. ~ ajuda)	demander (vt)	[dəmãde]
exigência (f)	exigence (f)	[ɛgziʒãs]
exigir (vt)	exiger (vt)	[ɛgziʒe]
insultar (chamar nomes)	taquiner (vt)	[takine]
zombar (vt)	se moquer (vp)	[sə mɔke]
zombaria (f)	moquerie (f)	[mɔkri]
alcunha (f), apelido (m)	surnom (m)	[syrnõ]
insinuação (f)	allusion (f)	[alyzjõ]
insinuar (vt)	faire allusion	[fɛr alyzjõ]
querer dizer	sous-entendre (vt)	[suzãtãdr]
descrição (f)	description (f)	[dɛskripsjõ]
descrever (vt)	décrire (vt)	[dekrir]
elogio (m)	éloge (m)	[elɔʒ]
elogiar (vt)	louer (vt)	[lwe]
desapontamento (m)	déception (f)	[desɛpsjõ]
desapontar (vt)	décevoir (vt)	[desəvwar]
desapontar-se (vr)	être déçu	[ɛtr desy]
suposição (f)	supposition (f)	[sypozisjõ]
supor (vt)	supposer (vt)	[sypoze]

| advertência (f) | avertissement (m) | [avɛrtismɑ̃] |
| advertir (vt) | prévenir (vt) | [prevnir] |

64. Discussão, conversação. Parte 3

| convencer (vt) | convaincre (vt) | [kɔ̃vɛ̃kr] |
| acalmar (vt) | calmer (vt) | [kalme] |

silêncio (o ~ é de ouro)	silence (m)	[silɑ̃s]
ficar em silêncio	rester silencieux	[rɛste silɑ̃sjø]
sussurrar (vt)	chuchoter (vi, vt)	[ʃyʃote]
sussurro (m)	chuchotement (m)	[ʃyʃɔtmɑ̃]

| francamente | sincèrement (adv) | [sɛ̃sɛrmɑ̃] |
| na minha opinião ... | à mon avis ... | [amɔ̃ avi] |

detalhe (~ da história)	détail (m)	[detaj]
detalhado (adj)	détaillé (adj)	[detaje]
detalhadamente	en détail (adv)	[ɑ̃ detaj]

| dica (f) | indice (m) | [ɛ̃dis] |
| dar uma dica | donner un indice | [dɔne ynɛ̃dis] |

olhar (m)	regard (m)	[rəgar]
dar uma olhada	jeter un coup d'oeil	[ʒəte œ̃ ku dœj]
fixo (olhada ~a)	fixe (adj)	[fiks]
piscar (vi)	clignoter (vi)	[kliɲote]
piscar (vt)	cligner de l'oeil	[kliɲe də lœj]
acenar com a cabeça	hocher la tête	[ɔʃe la tɛt]

suspiro (m)	soupir (m)	[supir]
suspirar (vi)	soupirer (vi)	[supire]
estremecer (vi)	tressaillir (vi)	[tresajir]
gesto (m)	geste (m)	[ʒɛst]
tocar (com as mãos)	toucher (vt)	[tuʃe]
agarrar (~ pelo braço)	saisir (vt)	[sezir]
bater de leve	taper (vt)	[tape]

Cuidado!	Attention!	[atɑ̃sjɔ̃]
Sério?	Vraiment?	[vrɛmɑ̃]
Tem certeza?	Tu es sûr?	[ty ɛ syr]
Boa sorte!	Bonne chance!	[bon ʃɑ̃s]
Entendi!	Compris!	[kɔ̃pri]
Que pena!	Dommage!	[dɔmaʒ]

65. Acordo. Recusa

consentimento (~ mútuo)	accord (m)	[akɔr]
consentir (vi)	être d'accord	[ɛtr dakɔr]
aprovação (f)	approbation (f)	[aprɔbasjɔ̃]
aprovar (vt)	approuver (vt)	[apruve]
recusa (f)	refus (m)	[rəfy]

negar-se a ...	se refuser (vp)	[sə rəfyze]
Ótimo!	Super!	[sypɛr]
Tudo bem!	Bon!	[bɔ̃]
Está bem! De acordo!	D'accord!	[dakɔr]

proibido (adj)	interdit (adj)	[ɛ̃tɛrdi]
é proibido	c'est interdit	[sɛtɛ̃tɛrdi]
é impossível	c'est impossible	[set ɛ̃pɔsibl]
incorreto (adj)	incorrect (adj)	[ɛ̃kɔrɛkt]

rejeitar (~ um pedido)	décliner (vt)	[dekline]
apoiar (vt)	soutenir (vt)	[sutnir]
aceitar (desculpas, etc.)	accepter (vt)	[aksɛpte]

confirmar (vt)	confirmer (vt)	[kɔ̃firme]
confirmação (f)	confirmation (f)	[kɔ̃firmasjɔ̃]
permissão (f)	permission (f)	[pɛrmisjɔ̃]
permitir (vt)	permettre (vt)	[pɛrmɛtr]
decisão (f)	décision (f)	[desizjɔ̃]
não dizer nada	ne pas dire un mot	[nəpɑ dir œ̃ mo]

condição (com uma ~)	condition (f)	[kɔ̃disjɔ̃]
pretexto (m)	excuse (f)	[ɛkskyz]
elogio (m)	éloge (m)	[elɔʒ]
elogiar (vt)	louer (vt)	[lwe]

66. Sucesso. Boa sorte. Insucesso

êxito, sucesso (m)	succès (m)	[syksɛ]
com êxito	avec succès (adv)	[avɛk syksɛ]
bem sucedido (adj)	réussi (adj)	[reysi]

sorte (fortuna)	chance (f)	[ʃɑ̃s]
Boa sorte!	Bonne chance!	[bɔn ʃɑ̃s]
de sorte	de chance (adj)	[də ʃɑ̃s]
sortudo, felizardo (adj)	chanceux (adj)	[ʃɑ̃søs]

fracasso (m)	échec (m)	[eʃɛk]
pouca sorte (f)	infortune (f)	[ɛ̃fortyn]
azar (m), má sorte (f)	malchance (f)	[malʃɑ̃s]

| mal sucedido (adj) | raté (adj) | [rate] |
| catástrofe (f) | catastrophe (f) | [katastrɔf] |

orgulho (m)	fierté (f)	[fjɛrte]
orgulhoso (adj)	fier (adj)	[fjɛr]
estar orgulhoso, -a	être fier	[ɛtr fjɛr]

vencedor (m)	gagnant (m)	[gaɲɑ̃]
vencer (vi, vt)	gagner (vi)	[gaɲe]
perder (vt)	perdre (vi)	[pɛrdr]
tentativa (f)	tentative (f)	[tɑ̃tativ]
tentar (vt)	essayer (vt)	[eseje]
chance (m)	chance (f)	[ʃɑ̃s]

67. Conflitos. Emoções negativas

grito (m)	cri (m)	[kri]
gritar (vi)	crier (vi)	[krije]
começar a gritar	se mettre à crier	[sə mɛtr a krije]
discussão (f)	dispute (f)	[dispyt]
brigar (discutir)	se disputer (vp)	[sə dispyte]
escândalo (m)	scandale (m)	[skãdal]
criar escândalo	faire un scandale	[fɛr œ̃ skãdal]
conflito (m)	conflit (m)	[kɔ̃fli]
mal-entendido (m)	malentendu (m)	[malãtãdy]
insulto (m)	insulte (f)	[ɛ̃sylt]
insultar (vt)	insulter (vt)	[ɛ̃sylte]
insultado (adj)	insulté (adj)	[ɛ̃sylte]
ofensa (f)	offense (f)	[ɔfãs]
ofender (vt)	offenser (vt)	[ɔfãse]
ofender-se (vr)	s'offenser (vp)	[sɔfãse]
indignação (f)	indignation (f)	[ɛ̃diɲasjɔ̃]
indignar-se (vr)	s'indigner (vp)	[sɛ̃diɲe]
queixa (f)	plainte (f)	[plɛ̃t]
queixar-se (vr)	se plaindre (vp)	[sə plɛ̃dr]
desculpa (f)	excuse (f)	[ɛkskyz]
desculpar-se (vr)	s'excuser (vp)	[sɛkskyze]
pedir perdão	demander pardon	[dəmãde pardɔ̃]
crítica (f)	critique (f)	[kritik]
criticar (vt)	critiquer (vt)	[kritike]
acusação (f)	accusation (f)	[akyzasjɔ̃]
acusar (vt)	accuser (vt)	[akyze]
vingança (f)	vengeance (f)	[vãʒãs]
vingar (vt)	se venger (vp)	[sə vãʒe]
vingar-se de	faire payer	[fɛr peje]
desprezo (m)	mépris (m)	[mepri]
desprezar (vt)	mépriser (vt)	[meprize]
ódio (m)	haine (f)	[ɛn]
odiar (vt)	haïr (vt)	[air]
nervoso (adj)	nerveux (adj)	[nɛrvø]
estar nervoso	s'énerver (vp)	[senɛrve]
zangado (adj)	fâché (adj)	[faʃe]
zangar (vt)	fâcher (vt)	[faʃe]
humilhação (f)	humiliation (f)	[ymiljasjɔ̃]
humilhar (vt)	humilier (vt)	[ymilje]
humilhar-se (vr)	s'humilier (vp)	[symilje]
choque (m)	choc (m)	[ʃɔk]
chocar (vt)	choquer (vt)	[ʃɔke]
aborrecimento (m)	ennui (m)	[ãnɥi]

desagradável (adj)	désagréable (adj)	[dezagreabl]
medo (m)	peur (f)	[pœr]
terrível (tempestade, etc.)	terrible (adj)	[tɛribl]
assustador (ex. história ~a)	effrayant (adj)	[efrɛjã]
horror (m)	horreur (f)	[ɔrœr]
horrível (crime, etc.)	horrible (adj)	[ɔribl]
começar a tremer	commencer à trembler	[kɔmãse a trãble]
chorar (vi)	pleurer (vi)	[plœre]
começar a chorar	se mettre à pleurer	[sə mɛtr ɑ plœre]
lágrima (f)	larme (f)	[larm]
falta (f)	faute (f)	[fot]
culpa (f)	culpabilité (f)	[kylpabilite]
desonra (f)	déshonneur (m)	[dezɔnœr]
protesto (m)	protestation (f)	[prɔtɛstasjõ]
estresse (m)	stress (m)	[strɛs]
perturbar (vt)	déranger (vt)	[derãʒe]
zangar-se com ...	être furieux	[ɛtr fyrjø]
zangado (irritado)	en colère, fâché (adj)	[ã kɔlɛr], [faʃe]
terminar (vt)	rompre (vt)	[rõpr]
praguejar	réprimander (vt)	[reprimãde]
assustar-se	prendre peur	[prãdr pœr]
golpear (vt)	frapper (vt)	[frape]
brigar (na rua, etc.)	se battre (vp)	[sə batr]
resolver (o conflito)	régler (vt)	[regle]
descontente (adj)	mécontent (adj)	[mekõtã]
furioso (adj)	enragé (adj)	[ãraʒe]
Não está bem!	Ce n'est pas bien!	[sə nɛpɑ bjɛ̃]
É ruim!	C'est mal!	[sɛ mal]

Medicina

68. Doenças

doença (f)	maladie (f)	[maladi]
estar doente	être malade	[ɛtr malad]
saúde (f)	santé (f)	[sɑ̃te]
nariz (m) escorrendo	rhume (m)	[rym]
amigdalite (f)	angine (f)	[ɑ̃ʒin]
resfriado (m)	refroidissement (m)	[rəfrwadismɑ̃]
ficar resfriado	prendre froid	[prɑ̃dr frwa]
bronquite (f)	bronchite (f)	[brɔ̃ʃit]
pneumonia (f)	pneumonie (f)	[pnømɔni]
gripe (f)	grippe (f)	[grip]
míope (adj)	myope (adj)	[mjɔp]
presbita (adj)	presbyte (adj)	[prɛsbit]
estrabismo (m)	strabisme (m)	[strabism]
estrábico, vesgo (adj)	strabique (adj)	[strabik]
catarata (f)	cataracte (f)	[katarakt]
glaucoma (m)	glaucome (m)	[glokom]
AVC (m), apoplexia (f)	insulte (f)	[ɛ̃sylt]
ataque (m) cardíaco	crise (f) cardiaque	[kriz kardjak]
enfarte (m) do miocárdio	infarctus (m) de myocarde	[ɛ̃farktys də mjɔkard]
paralisia (f)	paralysie (f)	[paralizi]
paralisar (vt)	paralyser (vt)	[paralize]
alergia (f)	allergie (f)	[alɛrʒi]
asma (f)	asthme (m)	[asm]
diabetes (f)	diabète (m)	[djabɛt]
dor (f) de dente	mal (m) de dents	[mal də dɑ̃]
cárie (f)	carie (f)	[kari]
diarreia (f)	diarrhée (f)	[djare]
prisão (f) de ventre	constipation (f)	[kɔ̃stipasjɔ̃]
desarranjo (m) intestinal	estomac (m) barbouillé	[ɛstɔma barbuje]
intoxicação (f) alimentar	intoxication (f) alimentaire	[ɛ̃tɔksikasjɔn alimɑ̃tɛr]
intoxicar-se	être intoxiqué	[ɛtr ɛ̃tɔksike]
artrite (f)	arthrite (f)	[artrit]
raquitismo (m)	rachitisme (m)	[raʃitism]
reumatismo (m)	rhumatisme (m)	[rymatism]
arteriosclerose (f)	athérosclérose (f)	[ateroskleroz]
gastrite (f)	gastrite (f)	[gastrit]
apendicite (f)	appendicite (f)	[apɛ̃disit]

colecistite (f)	cholécystite (f)	[kɔlesistit]
úlcera (f)	ulcère (m)	[ylsɛr]
sarampo (m)	rougeole (f)	[ruʒɔl]
rubéola (f)	rubéole (f)	[rybeɔl]
icterícia (f)	jaunisse (f)	[ʒɔnis]
hepatite (f)	hépatite (f)	[epatit]
esquizofrenia (f)	schizophrénie (f)	[skizɔfreni]
raiva (f)	rage (f)	[raʒ]
neurose (f)	névrose (f)	[nevroz]
contusão (f) cerebral	commotion (f) cérébrale	[kɔmɔsjɔ̃ serebral]
câncer (m)	cancer (m)	[kɑ̃sɛr]
esclerose (f)	sclérose (f)	[skleroz]
esclerose (f) múltipla	sclérose (f) en plaques	[skleroz ɑ̃ plak]
alcoolismo (m)	alcoolisme (m)	[alkɔlism]
alcoólico (m)	alcoolique (m)	[alkɔlik]
sífilis (f)	syphilis (f)	[sifilis]
AIDS (f)	SIDA (m)	[sida]
tumor (m)	tumeur (f)	[tymœr]
maligno (adj)	maligne (adj)	[maliɲ]
benigno (adj)	bénigne (adj)	[beniɲ]
febre (f)	fièvre (f)	[fjɛvr]
malária (f)	malaria (f)	[malarja]
gangrena (f)	gangrène (f)	[gɑ̃grɛn]
enjoo (m)	mal (m) de mer	[mal də mɛr]
epilepsia (f)	épilepsie (f)	[epilɛpsi]
epidemia (f)	épidémie (f)	[epidemi]
tifo (m)	typhus (m)	[tifys]
tuberculose (f)	tuberculose (f)	[tybɛrkyloz]
cólera (f)	choléra (m)	[kɔlera]
peste (f) bubônica	peste (f)	[pɛst]

69. Sintomas. Tratamentos. Parte 1

sintoma (m)	symptôme (m)	[sɛ̃ptom]
temperatura (f)	température (f)	[tɑ̃peratyr]
febre (f)	fièvre (f)	[fjɛvr]
pulso (m)	pouls (m)	[pu]
vertigem (f)	vertige (m)	[vɛrtiʒ]
quente (testa, etc.)	chaud (adj)	[ʃo]
calafrio (m)	frisson (m)	[frisɔ̃]
pálido (adj)	pâle (adj)	[pɑl]
tosse (f)	toux (f)	[tu]
tossir (vi)	tousser (vi)	[tuse]
espirrar (vi)	éternuer (vi)	[etɛrnɥe]
desmaio (m)	évanouissement (m)	[evanwismɑ̃]

desmaiar (vi)	s'évanouir (vp)	[sevanwir]
mancha (f) preta	bleu (m)	[blø]
galo (m)	bosse (f)	[bɔs]
machucar-se (vr)	se heurter (vp)	[sə œrte]
contusão (f)	meurtrissure (f)	[mœrtrisyr]
machucar-se (vr)	se faire mal	[sə fɛr mal]

mancar (vi)	boiter (vi)	[bwate]
deslocamento (f)	foulure (f)	[fulyr]
deslocar (vt)	se démettre (vp)	[sə demɛtr]
fratura (f)	fracture (f)	[fraktyr]
fraturar (vt)	avoir une fracture	[avwar yn fraktyr]

corte (m)	coupure (f)	[kupyr]
cortar-se (vr)	se couper (vp)	[sə kupe]
hemorragia (f)	hémorragie (f)	[emɔraʒi]

queimadura (f)	brûlure (f)	[brylyr]
queimar-se (vr)	se brûler (vp)	[sə bryle]

picar (vt)	se piquer (vp)	[sə pike]
picar-se (vr)	se piquer (vp)	[sə pike]
lesionar (vt)	blesser (vt)	[blese]
lesão (m)	blessure (f)	[blesyr]
ferida (f), ferimento (m)	blessure (f)	[blesyr]
trauma (m)	trauma (m)	[troma]

delirar (vi)	délirer (vi)	[delire]
gaguejar (vi)	bégayer (vi)	[begeje]
insolação (f)	insolation (f)	[ɛ̃sɔlasjɔ̃]

70. Sintomas. Tratamentos. Parte 2

dor (f)	douleur (f)	[dulœr]
farpa (no dedo, etc.)	écharde (f)	[eʃard]

suor (m)	sueur (f)	[sɥœr]
suar (vi)	suer (vi)	[sɥe]
vômito (m)	vomissement (m)	[vɔmismɑ̃]
convulsões (f pl)	spasmes (m pl)	[spasm]

grávida (adj)	enceinte (adj)	[ɑ̃sɛ̃t]
nascer (vi)	naître (vi)	[nɛtr]
parto (m)	accouchement (m)	[akuʃmɑ̃]
dar à luz	accoucher (vt)	[akuʃe]
aborto (m)	avortement (m)	[avɔrtəmɑ̃]

respiração (f)	respiration (f)	[rɛspirasjɔ̃]
inspiração (f)	inhalation (f)	[inalasjɔ̃]
expiração (f)	expiration (f)	[ɛkspirasjɔ̃]
expirar (vi)	expirer (vi)	[ɛkspire]
inspirar (vi)	inspirer (vi)	[inale]
inválido (m)	invalide (m)	[ɛ̃valid]
aleijado (m)	handicapé (m)	[ɑ̃dikape]

drogado (m)	drogué (m)	[drɔge]
surdo (adj)	sourd (adj)	[sur]
mudo (adj)	muet (adj)	[mɥɛ]
surdo-mudo (adj)	sourd-muet (adj)	[surmɥɛ]

louco, insano (adj)	fou (adj)	[fu]
louco (m)	fou (m)	[fu]
louca (f)	folle (f)	[fɔl]
ficar louco	devenir fou	[dəvnir fu]

gene (m)	gène (m)	[ʒɛn]
imunidade (f)	immunité (f)	[imynite]
hereditário (adj)	héréditaire (adj)	[ereditɛr]
congênito (adj)	congénital (adj)	[kɔ̃ʒenital]

vírus (m)	virus (m)	[virys]
micróbio (m)	microbe (m)	[mikrɔb]
bactéria (f)	bactérie (f)	[bakteri]
infecção (f)	infection (f)	[ɛ̃fɛksjɔ̃]

71. Sintomas. Tratamentos. Parte 3

hospital (m)	hôpital (m)	[ɔpital]
paciente (m)	patient (m)	[pasjã]

diagnóstico (m)	diagnostic (m)	[djagnɔstik]
cura (f)	cure (f)	[kyr]
tratamento (m) médico	traitement (m)	[trɛtmã]
curar-se (vr)	se faire soigner	[sə fɛr swaɲe]
tratar (vt)	traiter (vt)	[trete]
cuidar (pessoa)	soigner (vt)	[swaɲe]
cuidado (m)	soins (m pl)	[swɛ̃]

operação (f)	opération (f)	[ɔperasjɔ̃]
enfaixar (vt)	panser (vt)	[pãse]
enfaixamento (m)	pansement (m)	[pãsmã]

vacinação (f)	vaccination (f)	[vaksinasjɔ̃]
vacinar (vt)	vacciner (vt)	[vaksine]
injeção (f)	piqûre (f)	[pikyr]
dar uma injeção	faire une piqûre	[fɛr yn pikyr]

ataque (~ de asma, etc.)	crise, attaque (f)	[kriz], [atak]
amputação (f)	amputation (f)	[ãpytasjɔ̃]
amputar (vt)	amputer (vt)	[ãpyte]
coma (f)	coma (m)	[kɔma]
estar em coma	être dans le coma	[ɛtr dã lə kɔma]
reanimação (f)	réanimation (f)	[reanimasjɔ̃]

recuperar-se (vr)	se rétablir (vp)	[sə retablir]
estado (~ de saúde)	état (m)	[eta]
consciência (perder a ~)	conscience (f)	[kɔ̃sjãs]
memória (f)	mémoire (f)	[memwar]
tirar (vt)	arracher (vt)	[araʃe]

obturação (f)	plombage (m)	[plɔ̃baʒ]
obturar (vt)	plomber (vt)	[plɔ̃be]
hipnose (f)	hypnose (f)	[ipnoz]
hipnotizar (vt)	hypnotiser (vt)	[ipnɔtize]

72. Médicos

médico (m)	médecin (m)	[medsɛ̃]
enfermeira (f)	infirmière (f)	[ɛ̃firmjɛr]
médico (m) pessoal	médecin (m) personnel	[medsɛ̃ pɛrsɔnɛl]
dentista (m)	dentiste (m)	[dɑ̃tist]
oculista (m)	ophtalmologiste (m)	[ɔftalmɔlɔʒist]
terapeuta (m)	généraliste (m)	[ʒeneralist]
cirurgião (m)	chirurgien (m)	[ʃiryrʒjɛ̃]
psiquiatra (m)	psychiatre (m)	[psikjatr]
pediatra (m)	pédiatre (m)	[pedjatr]
psicólogo (m)	psychologue (m)	[psikɔlɔg]
ginecologista (m)	gynécologue (m)	[ʒinekɔlɔg]
cardiologista (m)	cardiologue (m)	[kardjolɔg]

73. Medicina. Drogas. Acessórios

medicamento (m)	médicament (m)	[medikamɑ̃]
remédio (m)	remède (m)	[rəmɛd]
receitar (vt)	prescrire (vt)	[prɛskrir]
receita (f)	ordonnance (f)	[ɔrdɔnɑ̃s]
comprimido (m)	comprimé (m)	[kɔ̃prime]
unguento (m)	onguent (m)	[ɔ̃gɑ̃]
ampola (f)	ampoule (f)	[ɑ̃pul]
solução, preparado (m)	mixture (f)	[mikstyr]
xarope (m)	sirop (m)	[siro]
cápsula (f)	pilule (f)	[pilyl]
pó (m)	poudre (f)	[pudr]
atadura (f)	bande (f)	[bɑ̃d]
algodão (m)	coton (m)	[kɔtɔ̃]
iodo (m)	iode (m)	[jɔd]
curativo (m) adesivo	sparadrap (m)	[sparadra]
conta-gotas (m)	compte-gouttes (m)	[kɔ̃tgut]
termômetro (m)	thermomètre (m)	[tɛrmɔmɛtr]
seringa (f)	seringue (f)	[sərɛ̃g]
cadeira (f) de rodas	fauteuil (m) roulant	[fotœj rulɑ̃]
muletas (f pl)	béquilles (f pl)	[bekij]
analgésico (m)	anesthésique (m)	[anɛstezik]
laxante (m)	purgatif (m)	[pyrgatif]

álcool (m)	alcool (m)	[alkɔl]
ervas (f pl) medicinais	herbe (f) médicinale	[ɛrb medisinal]
de ervas (chá ~)	d'herbes (adj)	[dɛrb]

74. Fumar. Produtos tabágicos

tabaco (m)	tabac (m)	[taba]
cigarro (m)	cigarette (f)	[sigarɛt]
charuto (m)	cigare (f)	[sigar]
cachimbo (m)	pipe (f)	[pip]
maço (~ de cigarros)	paquet (m)	[pakɛ]
fósforos (m pl)	allumettes (f pl)	[alymɛt]
caixa (f) de fósforos	boîte (f) d'allumettes	[bwat dalymɛt]
isqueiro (m)	briquet (m)	[brikɛ]
cinzeiro (m)	cendrier (m)	[sɑ̃drije]
cigarreira (f)	étui (m) à cigarettes	[etɥi ɑ sigarɛt]
piteira (f)	fume-cigarette (m)	[fymsigarɛt]
filtro (m)	filtre (m)	[filtr]
fumar (vi, vt)	fumer (vi, vt)	[fyme]
acender um cigarro	allumer une cigarette	[alyme yn sigarɛt]
tabagismo (m)	tabagisme (m)	[tabaʒism]
fumante (m)	fumeur (m)	[fymœr]
bituca (f)	mégot (m)	[mego]
fumaça (f)	fumée (f)	[fyme]
cinza (f)	cendre (f)	[sɑ̃dr]

HABITAT HUMANO

Cidade

75. Cidade. Vida na cidade

cidade (f)	ville (f)	[vil]
capital (f)	capitale (f)	[kapital]
aldeia (f)	village (m)	[vilaʒ]
mapa (m) da cidade	plan (m) de la ville	[plɑ̃ də la vil]
centro (m) da cidade	centre-ville (m)	[sɑ̃trəvil]
subúrbio (m)	banlieue (f)	[bɑ̃ljø]
suburbano (adj)	de banlieue (adj)	[də bɑ̃ljø]
periferia (f)	périphérie (f)	[periferi]
arredores (m pl)	alentours (m pl)	[alɑ̃tur]
quarteirão (m)	quartier (m)	[kartje]
quarteirão (m) residencial	quartier (m) résidentiel	[kartje rezidɑ̃sjɛl]
tráfego (m)	trafic (m)	[trafik]
semáforo (m)	feux (m pl) de circulation	[fø də sirkylasjɔ̃]
transporte (m) público	transport (m) urbain	[trɑ̃spɔr yrbɛ̃]
cruzamento (m)	carrefour (m)	[karfur]
faixa (f)	passage (m) piéton	[pɑsaʒ pjetɔ̃]
túnel (m) subterrâneo	passage (m) souterrain	[pɑsaʒ sutɛrɛ̃]
cruzar, atravessar (vt)	traverser (vt)	[travɛrse]
pedestre (m)	piéton (m)	[pjetɔ̃]
calçada (f)	trottoir (m)	[trɔtwar]
ponte (f)	pont (m)	[pɔ̃]
margem (f) do rio	quai (m)	[kɛ]
fonte (f)	fontaine (f)	[fɔ̃tɛn]
alameda (f)	allée (f)	[ale]
parque (m)	parc (m)	[park]
bulevar (m)	boulevard (m)	[bulvar]
praça (f)	place (f)	[plas]
avenida (f)	avenue (f)	[avny]
rua (f)	rue (f)	[ry]
travessa (f)	ruelle (f)	[rɥɛl]
beco (m) sem saída	impasse (f)	[ɛ̃pas]
casa (f)	maison (f)	[mɛzɔ̃]
edifício, prédio (m)	édifice (m)	[edifis]
arranha-céu (m)	gratte-ciel (m)	[gratsjɛl]
fachada (f)	façade (f)	[fasad]
telhado (m)	toit (m)	[twa]

janela (f)	fenêtre (f)	[fənɛtr]
arco (m)	arc (m)	[ark]
coluna (f)	colonne (f)	[kɔlɔn]
esquina (f)	coin (m)	[kwɛ̃]

vitrine (f)	vitrine (f)	[vitrin]
letreiro (m)	enseigne (f)	[ɑ̃sɛɲ]
cartaz (do filme, etc.)	affiche (f)	[afiʃ]
cartaz (m) publicitário	affiche (f) publicitaire	[afiʃ pyblisitɛr]
painel (m) publicitário	panneau-réclame (m)	[pano reklam]

lixo (m)	ordures (f pl)	[ɔrdyr]
lata (f) de lixo	poubelle (f)	[pubɛl]
jogar lixo na rua	jeter ... à terre	[ʒəte ... a tɛr]
aterro (m) sanitário	décharge (f)	[deʃarʒ]

orelhão (m)	cabine (f) téléphonique	[kabin telefɔnik]
poste (m) de luz	réverbère (m)	[revɛrbɛr]
banco (m)	banc (m)	[bɑ̃]

polícia (m)	policier (m)	[pɔlisje]
polícia (instituição)	police (f)	[pɔlis]
mendigo, pedinte (m)	clochard (m)	[klɔʃar]
desabrigado (m)	sans-abri (m)	[sɑ̃zabri]

76. Instituições urbanas

loja (f)	magasin (m)	[magazɛ̃]
drogaria (f)	pharmacie (f)	[farmasi]
ótica (f)	opticien (m)	[ɔptisjɛ̃]
centro (m) comercial	centre (m) commercial	[sɑ̃tr kɔmɛrsjal]
supermercado (m)	supermarché (m)	[sypɛrmarʃe]

padaria (f)	boulangerie (f)	[bulɑ̃ʒri]
padeiro (m)	boulanger (m)	[bulɑ̃ʒe]
pastelaria (f)	pâtisserie (f)	[patisri]
mercearia (f)	épicerie (f)	[episri]
açougue (m)	boucherie (f)	[buʃri]

| fruteira (f) | magasin (m) de légumes | [magazɛ̃ də legym] |
| mercado (m) | marché (m) | [marʃe] |

cafeteria (f)	salon (m) de café	[salɔ̃ də kafe]
restaurante (m)	restaurant (m)	[rɛstɔrɑ̃]
bar (m)	brasserie (f)	[brasri]
pizzaria (f)	pizzeria (f)	[pidzerja]

salão (m) de cabeleireiro	salon (m) de coiffure	[salɔ̃ də kwafyr]
agência (f) dos correios	poste (f)	[pɔst]
lavanderia (f)	pressing (m)	[presiɲ]
estúdio (m) fotográfico	atelier (m) de photo	[atəlje də fɔto]

| sapataria (f) | magasin (m) de chaussures | [magazɛ̃ də ʃosyr] |
| livraria (f) | librairie (f) | [librɛri] |

loja (f) de artigos esportivos	magasin (m) d'articles de sport	[magazɛ̃ dartikl də spɔr]
costureira (m)	atelier (m) de retouche	[atəlje də rətuʃ]
aluguel (m) de roupa	location (f) de vêtements	[lɔkasjɔ̃ də vɛtmã]
videolocadora (f)	location (f) de films	[lɔkasjɔ̃ də film]

circo (m)	cirque (m)	[sirk]
jardim (m) zoológico	zoo (m)	[zoo]
cinema (m)	cinéma (m)	[sinema]
museu (m)	musée (m)	[myze]
biblioteca (f)	bibliothèque (f)	[biblijɔtɛk]

teatro (m)	théâtre (m)	[teɑtr]
ópera (f)	opéra (m)	[ɔpera]
boate (casa noturna)	boîte (f) de nuit	[bwat də nɥi]
cassino (m)	casino (m)	[kazino]

mesquita (f)	mosquée (f)	[mɔske]
sinagoga (f)	synagogue (f)	[sinagɔg]
catedral (f)	cathédrale (f)	[katedral]
templo (m)	temple (m)	[tãpl]
igreja (f)	église (f)	[egliz]

faculdade (f)	institut (m)	[ɛ̃stity]
universidade (f)	université (f)	[ynivɛrsite]
escola (f)	école (f)	[ekɔl]

prefeitura (f)	préfecture (f)	[prefɛktyr]
câmara (f) municipal	mairie (f)	[meri]
hotel (m)	hôtel (m)	[otɛl]
banco (m)	banque (f)	[bãk]

embaixada (f)	ambassade (f)	[ãbasad]
agência (f) de viagens	agence (f) de voyages	[aʒãs də vwajaʒ]
agência (f) de informações	bureau (m) d'information	[byro dɛ̃formasjɔ̃]
casa (f) de câmbio	bureau (m) de change	[byro də ʃãʒ]

metrô (m)	métro (m)	[metro]
hospital (m)	hôpital (m)	[ɔpital]

posto (m) de gasolina	station-service (f)	[stasjɔ̃sɛrvis]
parque (m) de estacionamento	parking (m)	[parkiŋ]

77. Transportes urbanos

ônibus (m)	autobus (m)	[otobys]
bonde (m) elétrico	tramway (m)	[tramwɛ]
trólebus (m)	trolleybus (m)	[trɔlɛbys]
rota (f), itinerário (m)	itinéraire (m)	[itinerɛr]
número (m)	numéro (m)	[nymero]

ir de ... (carro, etc.)	prendre ...	[prãdr]
entrar no ...	monter (vi)	[mɔ̃te]
descer do ...	descendre de ...	[desãdr də]

parada (f)	arrêt (m)	[arɛ]
próxima parada (f)	arrêt (m) prochain	[arɛt prɔʃɛ̃]
terminal (m)	terminus (m)	[tɛrminys]
horário (m)	horaire (m)	[ɔrɛr]
esperar (vt)	attendre (vt)	[atɑ̃dr]
passagem (f)	ticket (m)	[tikɛ]
tarifa (f)	prix (m) du ticket	[pri dy tikɛ]
bilheteiro (m)	caissier (m)	[kesje]
controle (m) de passagens	contrôle (m) des tickets	[kɔ̃trol de tikɛ]
revisor (m)	contrôleur (m)	[kɔ̃trolœr]
atrasar-se (vr)	être en retard	[ɛtr ɑ̃ rətar]
perder (o autocarro, etc.)	rater (vt)	[rate]
estar com pressa	se dépêcher	[sə depeʃe]
táxi (m)	taxi (m)	[taksi]
taxista (m)	chauffeur (m) de taxi	[ʃofœr də taksi]
de táxi (ir ~)	en taxi	[ɑ̃ taksi]
ponto (m) de táxis	arrêt (m) de taxi	[arɛ də taksi]
chamar um táxi	appeler un taxi	[aple œ̃ taksi]
pegar um táxi	prendre un taxi	[prɑ̃dr œ̃ taksi]
tráfego (m)	trafic (m)	[trafik]
engarrafamento (m)	embouteillage (m)	[ɑ̃butɛjaʒ]
horas (f pl) de pico	heures (f pl) de pointe	[œr də pwɛ̃t]
estacionar (vi)	se garer (vp)	[sə gare]
estacionar (vt)	garer (vt)	[gare]
parque (m) de estacionamento	parking (m)	[parkiŋ]
metrô (m)	métro (m)	[metro]
estação (f)	station (f)	[stasjɔ̃]
ir de metrô	prendre le métro	[prɑ̃dr lə metro]
trem (m)	train (m)	[trɛ̃]
estação (f) de trem	gare (f)	[gar]

78. Turismo

monumento (m)	monument (m)	[mɔnymɑ̃]
fortaleza (f)	forteresse (f)	[fɔrtərɛs]
palácio (m)	palais (m)	[palɛ]
castelo (m)	château (m)	[ʃato]
torre (f)	tour (f)	[tur]
mausoléu (m)	mausolée (m)	[mozɔle]
arquitetura (f)	architecture (f)	[arʃitɛktyr]
medieval (adj)	médiéval (adj)	[medjeval]
antigo (adj)	ancien (adj)	[ɑ̃sjɛ̃]
nacional (adj)	national (adj)	[nasjɔnal]
famoso, conhecido (adj)	connu (adj)	[kɔny]
turista (m)	touriste (m)	[turist]
guia (pessoa)	guide (m)	[gid]

excursão (f)	excursion (f)	[ɛkskyrsjɔ̃]
mostrar (vt)	montrer (vt)	[mɔ̃tre]
contar (vt)	raconter (vt)	[rakɔ̃te]

encontrar (vt)	trouver (vt)	[truve]
perder-se (vr)	se perdre (vp)	[sə pɛrdr]
mapa (~ do metrô)	plan (m)	[plɑ̃]
mapa (~ da cidade)	carte (f)	[kart]

lembrança (f), presente (m)	souvenir (m)	[suvnir]
loja (f) de presentes	boutique (f) de souvenirs	[butik də suvnir]
tirar fotos, fotografar	prendre en photo	[prɑ̃dr ɑ̃ fɔto]
fotografar-se (vr)	se faire prendre en photo	[sə fɛr prɑ̃dr ɑ̃ fɔto]

79. Compras

comprar (vt)	acheter (vt)	[aʃte]
compra (f)	achat (m)	[aʃa]
fazer compras	faire des achats	[fɛr dezaʃa]
compras (f pl)	shopping (m)	[ʃɔpiŋ]

estar aberta (loja)	être ouvert	[ɛtr uvɛr]
estar fechada	être fermé	[ɛtr fɛrme]

calçado (m)	chaussures (f pl)	[ʃosyr]
roupa (f)	vêtement (m)	[vɛtmɑ̃]
cosméticos (m pl)	produits (m pl) de beauté	[prɔdyi də bote]
alimentos (m pl)	produits (m pl) alimentaires	[prɔdyi alimɑ̃tɛr]
presente (m)	cadeau (m)	[kado]

vendedor (m)	vendeur (m)	[vɑ̃dœr]
vendedora (f)	vendeuse (f)	[vɑ̃døz]

caixa (f)	caisse (f)	[kɛs]
espelho (m)	miroir (m)	[mirwar]
balcão (m)	comptoir (m)	[kɔ̃twar]
provador (m)	cabine (f) d'essayage	[kabin desɛjaʒ]

provar (vt)	essayer (vt)	[eseje]
servir (roupa, caber)	aller bien	[ale bjɛ̃]
gostar (apreciar)	plaire à ...	[plɛr a]

preço (m)	prix (m)	[pri]
etiqueta (f) de preço	étiquette (f) de prix	[etikɛt də pri]
custar (vt)	coûter (vi, vt)	[kute]
Quanto?	Combien?	[kɔ̃bjɛ̃]
desconto (m)	rabais (m)	[rabɛ]

não caro (adj)	pas cher (adj)	[pɑ ʃɛr]
barato (adj)	bon marché (adj)	[bɔ̃ marʃe]
caro (adj)	cher (adj)	[ʃɛr]
É caro	C'est cher	[sɛ ʃɛr]
aluguel (m)	location (f)	[lɔkasjɔ̃]
alugar (roupas, etc.)	louer (vt)	[lwe]

| crédito (m) | crédit (m) | [kredi] |
| a crédito | à crédit (adv) | [akredi] |

80. Dinheiro

dinheiro (m)	argent (m)	[arʒɑ̃]
câmbio (m)	échange (m)	[eʃɑ̃ʒ]
taxa (f) de câmbio	cours (m) de change	[kur də ʃɑ̃ʒ]
caixa (m) eletrônico	distributeur (m)	[distribytœr]
moeda (f)	monnaie (f)	[mɔnɛ]

| dólar (m) | dollar (m) | [dɔlar] |
| euro (m) | euro (m) | [øro] |

lira (f)	lire (f)	[lir]
marco (m)	mark (m) allemand	[mark almɑ̃]
franco (m)	franc (m)	[frɑ̃]
libra (f) esterlina	livre sterling (f)	[livr stɛrliŋ]
iene (m)	yen (m)	[jɛn]

dívida (f)	dette (f)	[dɛt]
devedor (m)	débiteur (m)	[debitœr]
emprestar (vt)	prêter (vt)	[prete]
pedir emprestado	emprunter (vt)	[ɑ̃prœ̃te]

banco (m)	banque (f)	[bɑ̃k]
conta (f)	compte (m)	[kɔ̃t]
depositar (vt)	verser (vt)	[vɛrse]
depositar na conta	verser dans le compte	[vɛrse dɑ̃ lə kɔ̃t]
sacar (vt)	retirer du compte	[rətire dy kɔ̃t]

cartão (m) de crédito	carte (f) de crédit	[kart də kredi]
dinheiro (m) vivo	espèces (f pl)	[ɛspɛs]
cheque (m)	chèque (m)	[ʃɛk]
passar um cheque	faire un chèque	[fɛr œ̃ ʃɛk]
talão (m) de cheques	chéquier (m)	[ʃekje]

carteira (f)	portefeuille (m)	[pɔrtəfœj]
niqueleira (f)	bourse (f)	[burs]
cofre (m)	coffre fort (m)	[kɔfr fɔr]

herdeiro (m)	héritier (m)	[eritje]
herança (f)	héritage (m)	[eritaʒ]
fortuna (riqueza)	fortune (f)	[fɔrtyn]

arrendamento (m)	location (f)	[lɔkasjɔ̃]
aluguel (pagar o ~)	loyer (m)	[lwaje]
alugar (vt)	louer (vt)	[lwe]

preço (m)	prix (m)	[pri]
custo (m)	coût (m)	[ku]
soma (f)	somme (f)	[sɔm]
gastar (vt)	dépenser (vt)	[depɑ̃se]
gastos (m pl)	dépenses (f pl)	[depɑ̃s]

economizar (vi)	économiser (vt)	[ekɔnɔmize]
econômico (adj)	économe (adj)	[ekɔnɔm]

pagar (vt)	payer (vi, vt)	[peje]
pagamento (m)	paiement (m)	[pɛmɑ̃]
troco (m)	monnaie (f)	[mɔnɛ]

imposto (m)	impôt (m)	[ɛ̃po]
multa (f)	amende (f)	[amɑ̃d]
multar (vt)	mettre une amende	[mɛtr ynamɑ̃d]

81. Correios. Serviço postal

agência (f) dos correios	poste (f)	[pɔst]
correio (m)	courrier (m)	[kurje]
carteiro (m)	facteur (m)	[faktœr]
horário (m)	heures (f pl) d'ouverture	[zœr duvɛrtyr]

carta (f)	lettre (f)	[lɛtr]
carta (f) registada	recommandé (m)	[rəkɔmɑ̃de]
cartão (m) postal	carte (f) postale	[kart pɔstal]
telegrama (m)	télégramme (m)	[telegram]
encomenda (f)	colis (m)	[kɔli]
transferência (f) de dinheiro	mandat (m) postal	[mɑ̃da pɔstal]

receber (vt)	recevoir (vt)	[rəsəvwar]
enviar (vt)	envoyer (vt)	[ɑ̃vwaje]
envio (m)	envoi (m)	[ɑ̃vwa]

endereço (m)	adresse (f)	[adrɛs]
código (m) postal	code (m) postal	[kɔd pɔstal]
remetente (m)	expéditeur (m)	[ɛkspeditœr]
destinatário (m)	destinataire (m)	[dɛstinatɛr]

nome (m)	prénom (m)	[prenɔ̃]
sobrenome (m)	nom (m) de famille	[nɔ̃ də famij]

tarifa (f)	tarif (m)	[tarif]
ordinário (adj)	normal (adj)	[nɔrmal]
econômico (adj)	économique (adj)	[ekɔnɔmik]

peso (m)	poids (m)	[pwa]
pesar (estabelecer o peso)	peser (vt)	[pəze]
envelope (m)	enveloppe (f)	[ɑ̃vlɔp]
selo (m) postal	timbre (m)	[tɛ̃br]
colar o selo	timbrer (vt)	[tɛ̃bre]

Moradia. Casa. Lar

82. Casa. Habitação

casa (f)	maison (f)	[mɛzɔ̃]
em casa	chez soi	[ʃeswa]
pátio (m), quintal (f)	cour (f)	[kur]
cerca, grade (f)	clôture (f)	[klotyr]
tijolo (m)	brique (f)	[brik]
de tijolos	en brique (adj)	[ɑ̃ brik]
pedra (f)	pierre (f)	[pjɛr]
de pedra	en pierre (adj)	[ɑ̃ pjɛr]
concreto (m)	béton (m)	[betɔ̃]
concreto (adj)	en béton (adj)	[ɑ̃ betɔ̃]
novo (adj)	neuf (adj)	[nœf]
velho (adj)	vieux (adj)	[vjø]
decrépito (adj)	délabré (adj)	[delabre]
moderno (adj)	moderne (adj)	[mɔdɛrn]
de vários andares	à plusieurs étages	[a plyzjœr zetaʒ]
alto (adj)	haut (adj)	[o]
andar (m)	étage (m)	[etaʒ]
de um andar	sans étage (adj)	[sɑ̃ zetaʒ]
térreo (m)	rez-de-chaussée (m)	[redʃose]
andar (m) de cima	dernier étage (m)	[dɛrnjɛr etaʒ]
telhado (m)	toit (m)	[twa]
chaminé (f)	cheminée (f)	[ʃəmine]
telha (f)	tuile (f)	[tɥil]
de telha	en tuiles (adj)	[ɑ̃ tɥil]
sótão (m)	grenier (m)	[grənje]
janela (f)	fenêtre (f)	[fənɛtr]
vidro (m)	vitre (f)	[vitr]
parapeito (m)	rebord (m)	[rəbɔr]
persianas (f pl)	volets (m pl)	[vɔle]
parede (f)	mur (m)	[myr]
varanda (f)	balcon (m)	[balkɔ̃]
calha (f)	gouttière (f)	[gutjɛr]
em cima	en haut (adv)	[ɑn o]
subir (vi)	monter (vi)	[mɔ̃te]
descer (vi)	descendre (vi)	[desɑ̃dr]
mudar-se (vr)	déménager (vi)	[demenaʒe]

83. Casa. Entrada. Elevador

entrada (f)	entrée (f)	[ãtre]
escada (f)	escalier (m)	[ɛskalje]
degraus (m pl)	marches (f pl)	[marʃ]
corrimão (m)	rampe (f)	[rãp]
hall (m) de entrada	hall (m)	[ol]
caixa (f) de correio	boîte (f) à lettres	[bwat a lɛtr]
lata (f) do lixo	poubelle (f)	[pubɛl]
calha (f) de lixo	vide-ordures (m)	[vidɔrdyr]
elevador (m)	ascenseur (m)	[asãsœr]
elevador (m) de carga	monte-charge (m)	[mõtʃarʒ]
cabine (f)	cabine (f)	[kabin]
pegar o elevador	prendre l'ascenseur	[prãdr lasãsœr]
apartamento (m)	appartement (m)	[apartəmã]
residentes (pl)	locataires (m pl)	[lɔkatɛr]
vizinho (m)	voisin (m)	[vwazɛ̃]
vizinha (f)	voisine (f)	[vwazin]
vizinhos (pl)	voisins (m pl)	[vwazɛ̃]

84. Casa. Portas. Fechaduras

porta (f)	porte (f)	[pɔrt]
portão (m)	portail (m)	[pɔrtaj]
maçaneta (f)	poignée (f)	[pwaɲe]
destrancar (vt)	déverrouiller (vt)	[devɛruje]
abrir (vt)	ouvrir (vt)	[uvrir]
fechar (vt)	fermer (vt)	[fɛrme]
chave (f)	clé, clef (f)	[kle]
molho (m)	trousseau (m), jeu (m)	[truso], [ʒø]
ranger (vi)	grincer (vi)	[grɛ̃se]
rangido (m)	grincement (m)	[grɛ̃smã]
dobradiça (f)	gond (m)	[gõ]
capacho (m)	paillasson (m)	[pajasõ]
fechadura (f)	serrure (f)	[seryr]
buraco (m) da fechadura	trou (m) de la serrure	[tru də la seryr]
barra (f)	verrou (m)	[veru]
fecho (ferrolho pequeno)	loquet (m)	[lɔkɛ]
cadeado (m)	cadenas (m)	[kadna]
tocar (vt)	sonner (vi)	[sõ]
toque (m)	sonnerie (f)	[sɔnri]
campainha (f)	sonnette (f)	[sɔnɛt]
botão (m)	bouton (m)	[butõ]
batida (f)	coups (m pl) à la porte	[ku ala pɔrt]
bater (vi)	frapper (vi)	[frape]
código (m)	code (m)	[kɔd]
fechadura (f) de código	serrure (f) à combinaison	[seryr a kõbinɛzõ]

interfone (m)	interphone (m)	[ɛ̃tɛrfɔn]
número (m)	numéro (m)	[nymero]
placa (f) de porta	plaque (f) de porte	[plak də pɔrt]
olho (m) mágico	judas (m)	[ʒyda]

85. Casa de campo

aldeia (f)	village (m)	[vilaʒ]
horta (f)	potager (m)	[pɔtaʒe]
cerca (f)	palissade (f)	[palisad]
cerca (f) de piquete	clôture (f)	[klotyr]
portão (f) do jardim	portillon (m)	[pɔrtijɔ̃]
celeiro (m)	grange (f)	[grɑ̃ʒ]
adega (f)	cave (f)	[kav]
galpão, barracão (m)	abri (m) de jardin	[abri də ʒardɛ̃]
poço (m)	puits (m)	[pɥi]
fogão (m)	poêle (m)	[pwal]
atiçar o fogo	chauffer le poêle	[ʃofe lə pwal]
lenha (carvão ou ~)	bois (m) de chauffage	[bwa də ʃofaʒ]
acha, lenha (f)	bûche (f)	[byʃ]
varanda (f)	véranda (f)	[verɑ̃da]
alpendre (m)	terrasse (f)	[tɛras]
degraus (m pl) de entrada	perron (m)	[perɔ̃]
balanço (m)	balançoire (f)	[balɑ̃swar]

86. Castelo. Palácio

castelo (m)	château (m)	[ʃato]
palácio (m)	palais (m)	[palɛ]
fortaleza (f)	forteresse (f)	[fɔrtərɛs]
muralha (f)	muraille (f)	[myrɑj]
torre (f)	tour (f)	[tur]
calabouço (m)	donjon (m)	[dɔ̃ʒɔ̃]
grade (f) levadiça	herse (f)	[ɛrs]
passagem (f) subterrânea	souterrain (m)	[sutɛrɛ̃]
fosso (m)	douve (f)	[duv]
corrente, cadeia (f)	chaîne (f)	[ʃɛn]
seteira (f)	meurtrière (f)	[mœrtrijɛr]
magnífico (adj)	magnifique (adj)	[maɲifik]
majestoso (adj)	majestueux (adj)	[maʒɛstɥø]
inexpugnável (adj)	inaccessible (adj)	[inaksesibl]
medieval (adj)	médiéval (adj)	[medjeval]

87. Apartamento

apartamento (m)	appartement (m)	[apartəmɑ̃]
quarto, cômodo (m)	chambre (f)	[ʃɑ̃br]
quarto (m) de dormir	chambre (f) à coucher	[ʃɑ̃br a kuʃe]
sala (f) de jantar	salle (f) à manger	[sal a mɑ̃ʒe]
sala (f) de estar	salon (m)	[salɔ̃]
escritório (m)	bureau (m)	[byro]
sala (f) de entrada	antichambre (f)	[ɑ̃tiʃɑ̃br]
banheiro (m)	salle (f) de bains	[sal də bɛ̃]
lavabo (m)	toilettes (f pl)	[twalɛt]
teto (m)	plafond (m)	[plafɔ̃]
chão, piso (m)	plancher (m)	[plɑ̃ʃe]
canto (m)	coin (m)	[kwɛ̃]

88. Apartamento. Limpeza

arrumar, limpar (vt)	faire le ménage	[fɛr le menaʒ]
guardar (no armário, etc.)	ranger (vt)	[rɑ̃ʒe]
pó (m)	poussière (f)	[pusjɛr]
empoeirado (adj)	poussiéreux (adj)	[pusjerø]
tirar o pó	essuyer la poussière	[esɥije la pusjɛr]
aspirador (m)	aspirateur (m)	[aspiratœr]
aspirar (vt)	passer l'aspirateur	[pase laspiratœr]
varrer (vt)	balayer (vt)	[baleje]
sujeira (f)	balayures (f pl)	[balejyr]
arrumação, ordem (f)	ordre (m)	[ɔrdr]
desordem (f)	désordre (m)	[dezɔrdr]
esfregão (m)	balai (m) à franges	[balɛ a frɑ̃ʒ]
pano (m), trapo (m)	torchon (m)	[tɔrʃɔ̃]
vassoura (f)	balayette (f)	[balɛjɛt]
pá (f) de lixo	pelle (f) à ordures	[pɛl a ɔrdyr]

89. Mobiliário. Interior

mobiliário (m)	meubles (m pl)	[mœbl]
mesa (f)	table (f)	[tabl]
cadeira (f)	chaise (f)	[ʃɛz]
cama (f)	lit (m)	[li]
sofá, divã (m)	canapé (m)	[kanape]
poltrona (f)	fauteuil (m)	[fotœj]
estante (f)	bibliothèque (f)	[biblijotɛk]
prateleira (f)	rayon (m)	[rɛjɔ̃]
guarda-roupas (m)	armoire (f)	[armwar]
cabide (m) de parede	patère (f)	[patɛr]

cabideiro (m) de pé	portemanteau (m)	[pɔrtmɑ̃to]
cômoda (f)	commode (f)	[kɔmɔd]
mesinha (f) de centro	table (f) basse	[tabl bas]
espelho (m)	miroir (m)	[mirwar]
tapete (m)	tapis (m)	[tapi]
tapete (m) pequeno	petit tapis (m)	[pəti tapi]
lareira (f)	cheminée (f)	[ʃəmine]
vela (f)	bougie (f)	[buʒi]
castiçal (m)	chandelier (m)	[ʃɑ̃dəlje]
cortinas (f pl)	rideaux (m pl)	[rido]
papel (m) de parede	papier (m) peint	[papje pɛ̃]
persianas (f pl)	jalousie (f)	[ʒaluzi]
luminária (f) de mesa	lampe (f) de table	[lɑ̃p də tabl]
luminária (f) de parede	applique (f)	[aplik]
abajur (m) de pé	lampadaire (m)	[lɑ̃padɛr]
lustre (m)	lustre (m)	[lystr]
pé (de mesa, etc.)	pied (m)	[pje]
braço, descanso (m)	accoudoir (m)	[akudwar]
costas (f pl)	dossier (m)	[dosje]
gaveta (f)	tiroir (m)	[tirwar]

90. Quarto de dormir

roupa (f) de cama	linge (m) de lit	[lɛ̃ʒ də li]
travesseiro (m)	oreiller (m)	[ɔrɛje]
fronha (f)	taie (f) d'oreiller	[tɛ dɔrɛje]
cobertor (m)	couverture (f)	[kuvɛrtyr]
lençol (m)	drap (m)	[dra]
colcha (f)	couvre-lit (m)	[kuvrəli]

91. Cozinha

cozinha (f)	cuisine (f)	[kɥizin]
gás (m)	gaz (m)	[gaz]
fogão (m) a gás	cuisinière (f) à gaz	[kɥizinjɛr ɑ gaz]
fogão (m) elétrico	cuisinière (f) électrique	[kɥizinjɛr elɛktrik]
forno (m)	four (m)	[fur]
forno (m) de micro-ondas	four (m) micro-ondes	[fur mikrɔɔ̃d]
geladeira (f)	réfrigérateur (m)	[refriʒeratœr]
congelador (m)	congélateur (m)	[kɔ̃ʒelatœr]
máquina (f) de lavar louça	lave-vaisselle (m)	[lavvesɛl]
moedor (m) de carne	hachoir (m)	[aʃwar]
espremedor (m)	centrifugeuse (f)	[sɑ̃trifyʒøz]
torradeira (f)	grille-pain (m)	[grijpɛ̃]
batedeira (f)	batteur (m)	[batœr]

máquina (f) de café	machine (f) à café	[maʃin a kafe]
cafeteira (f)	cafetière (f)	[kaftjɛr]
moedor (m) de café	moulin (m) à café	[mulɛ̃ a kafe]

chaleira (f)	bouilloire (f)	[bujwar]
bule (m)	théière (f)	[tejɛr]
tampa (f)	couvercle (m)	[kuvɛrkl]
coador (m) de chá	passoire (f) à thé	[paswar a te]

colher (f)	cuillère (f)	[kɥijɛr]
colher (f) de chá	petite cuillère (f)	[pətit kɥijɛr]
colher (f) de sopa	cuillère (f) à soupe	[kɥijɛr a sup]
garfo (m)	fourchette (f)	[furʃɛt]
faca (f)	couteau (m)	[kuto]

louça (f)	vaisselle (f)	[vɛsɛl]
prato (m)	assiette (f)	[asjɛt]
pires (m)	soucoupe (f)	[sukup]

cálice (m)	verre (m) à shot	[vɛr a ʃot]
copo (m)	verre (m)	[vɛr]
xícara (f)	tasse (f)	[tɑs]

açucareiro (m)	sucrier (m)	[sykrije]
saleiro (m)	salière (f)	[saljɛr]
pimenteiro (m)	poivrière (f)	[pwavrijɛr]
manteigueira (f)	beurrier (m)	[bœrje]

panela (f)	casserole (f)	[kasrɔl]
frigideira (f)	poêle (f)	[pwal]
concha (f)	louche (f)	[luʃ]
coador (m)	passoire (f)	[paswar]
bandeja (f)	plateau (m)	[plato]

garrafa (f)	bouteille (f)	[butɛj]
pote (m) de vidro	bocal (m)	[bɔkal]
lata (~ de cerveja)	boîte (f) en fer-blanc	[bwat ɑ̃ fɛrblɑ̃]

abridor (m) de garrafa	ouvre-bouteille (m)	[uvrəbutɛj]
abridor (m) de latas	ouvre-boîte (m)	[uvrəbwat]
saca-rolhas (m)	tire-bouchon (m)	[tirbuʃɔ̃]
filtro (m)	filtre (m)	[filtr]
filtrar (vt)	filtrer (vt)	[filtre]

| lixo (m) | ordures (f pl) | [ɔrdyr] |
| lixeira (f) | poubelle (f) | [pubɛl] |

92. Casa de banho

banheiro (m)	salle (f) de bains	[sal də bɛ̃]
água (f)	eau (f)	[o]
torneira (f)	robinet (m)	[rɔbinɛ]
água (f) quente	eau (f) chaude	[o ʃod]
água (f) fria	eau (f) froide	[o frwad]

pasta (f) de dente	dentifrice (m)	[dɑ̃tifris]
escovar os dentes	se brosser les dents	[sə brɔse le dɑ̃]
escova (f) de dente	brosse (f) à dents	[brɔs ɑ dɑ̃]
barbear-se (vr)	se raser (vp)	[sə raze]
espuma (f) de barbear	mousse (f) à raser	[mus ɑ raze]
gilete (f)	rasoir (m)	[razwar]
lavar (vt)	laver (vt)	[lave]
tomar banho	se laver (vp)	[sə lave]
chuveiro (m), ducha (f)	douche (f)	[duʃ]
tomar uma ducha	prendre une douche	[prɑ̃dr yn duʃ]
banheira (f)	baignoire (f)	[bɛɲwar]
vaso (m) sanitário	cuvette (f)	[kyvɛt]
pia (f)	lavabo (m)	[lavabo]
sabonete (m)	savon (m)	[savɔ̃]
saboneteira (f)	porte-savon (m)	[pɔrtsavɔ̃]
esponja (f)	éponge (f)	[epɔ̃ʒ]
xampu (m)	shampooing (m)	[ʃɑ̃pwɛ̃]
toalha (f)	serviette (f)	[sɛrvjɛt]
roupão (m) de banho	peignoir (m) de bain	[pɛɲwar də bɛ̃]
lavagem (f)	lessive (f)	[lɛsiv]
lavadora (f) de roupas	machine (f) à laver	[maʃin ɑ lave]
lavar a roupa	faire la lessive	[fɛr la lɛsiv]
detergente (m)	lessive (f)	[lɛsiv]

93. Eletrodomésticos

televisor (m)	télé (f)	[tele]
gravador (m)	magnétophone (m)	[maɲetɔfɔn]
videogravador (m)	magnétoscope (m)	[maɲetɔskɔp]
rádio (m)	radio (f)	[radjo]
leitor (m)	lecteur (m)	[lɛktœr]
projetor (m)	vidéoprojecteur (m)	[videoprɔʒɛktœr]
cinema (m) em casa	home cinéma (m)	[həʊm sinema]
DVD Player (m)	lecteur DVD (m)	[lɛktœr devede]
amplificador (m)	amplificateur (m)	[ɑ̃plifikatœr]
console (f) de jogos	console (f) de jeux	[kɔ̃sɔl də ʒø]
câmera (f) de vídeo	caméscope (m)	[kameskɔp]
máquina (f) fotográfica	appareil (m) photo	[aparɛj foto]
câmera (f) digital	appareil (m) photo numérique	[aparɛj foto nymerik]
aspirador (m)	aspirateur (m)	[aspiratœr]
ferro (m) de passar	fer (m) à repasser	[fɛr ɑ rəpase]
tábua (f) de passar	planche (f) à repasser	[plɑ̃ʃ ɑ rəpase]
telefone (m)	téléphone (m)	[telefɔn]
celular (m)	portable (m)	[pɔrtabl]

| máquina (f) de escrever | machine (f) à écrire | [maʃin a ekrir] |
| máquina (f) de costura | machine (f) à coudre | [maʃin a kudr] |

microfone (m)	micro (m)	[mikro]
fone (m) de ouvido	écouteurs (m pl)	[ekutœr]
controle remoto (m)	télécommande (f)	[telekɔmãd]

CD (m)	CD (m)	[sede]
fita (f) cassete	cassette (f)	[kasɛt]
disco (m) de vinil	disque (m) vinyle	[disk vinil]

94. Reparações. Renovação

renovação (f)	rénovation (f)	[renɔvasjõ]
renovar (vt), fazer obras	faire la rénovation	[fɛr la renɔvasjõ]
reparar (vt)	réparer (vt)	[repare]
consertar (vt)	remettre en ordre	[rəmɛtr anɔrdr]
refazer (vt)	refaire (vt)	[rəfɛr]

tinta (f)	peinture (f)	[pɛ̃tyr]
pintar (vt)	peindre (vt)	[pɛ̃dr]
pintor (m)	peintre (m) en bâtiment	[pɛ̃tr ã batimã]
pincel (m)	pinceau (m)	[pɛ̃so]

| cal (f) | chaux (f) | [ʃo] |
| caiar (vt) | blanchir à la chaux | [blãʃir ala ʃo] |

papel (m) de parede	papier (m) peint	[papje pɛ̃]
colocar papel de parede	tapisser (vt)	[tapise]
verniz (m)	vernis (m)	[vɛrni]
envernizar (vt)	vernir (vt)	[vɛrnir]

95. Canalizações

água (f)	eau (f)	[o]
água (f) quente	eau (f) chaude	[o ʃod]
água (f) fria	eau (f) froide	[o frwad]
torneira (f)	robinet (m)	[rɔbinɛ]

gota (f)	goutte (f)	[gut]
gotejar (vi)	goutter (vi)	[gute]
vazar (vt)	fuir (vi)	[fɥir]
vazamento (m)	fuite (f)	[fɥit]
poça (f)	flaque (f)	[flak]

tubo (m)	tuyau (m)	[tɥijo]
válvula (f)	valve (f)	[valv]
entupir-se (vr)	se boucher (vp)	[sə buʃe]

ferramentas (f pl)	outils (m pl)	[uti]
chave (f) inglesa	clé (f) réglable	[kle reglabl]
desenroscar (vt)	dévisser (vt)	[devise]

enroscar (vt)	visser (vt)	[vise]
desentupir (vt)	déboucher (vt)	[debuʃe]
encanador (m)	plombier (m)	[plɔ̃bje]
porão (m)	sous-sol (m)	[susɔl]
rede (f) de esgotos	égouts (m pl)	[egu]

96. Fogo. Deflagração

incêndio (m)	feu (m)	[fø]
chama (f)	flamme (f)	[flam]
faísca (f)	étincelle (f)	[etɛ̃sɛl]
fumaça (f)	fumée (f)	[fyme]
tocha (f)	flambeau (m)	[flɑ̃bo]
fogueira (f)	feu (m) de bois	[fø də bwa]
gasolina (f)	essence (f)	[esɑ̃s]
querosene (m)	kérosène (m)	[kerɔzɛn]
inflamável (adj)	inflammable (adj)	[ɛ̃flamabl]
explosivo (adj)	explosif (adj)	[ɛksplozif]
PROIBIDO FUMAR!	DÉFENSE DE FUMER	[defɑ̃s də fyme]
segurança (f)	sécurité (f)	[sekyrite]
perigo (m)	danger (m)	[dɑ̃ʒe]
perigoso (adj)	dangereux (adj)	[dɑ̃ʒrø]
incendiar-se (vr)	prendre feu	[prɑ̃dr fø]
explosão (f)	explosion (f)	[ɛksplozjɔ̃]
incendiar (vt)	mettre feu	[mɛtr fø]
incendiário (m)	incendiaire (m)	[ɛ̃sɑ̃djɛr]
incêndio (m) criminoso	incendie (m) prémédité	[ɛ̃sɑ̃di premedite]
flamejar (vi)	flamboyer (vi)	[flɑ̃bwaje]
queimar (vi)	brûler (vi)	[bryle]
queimar tudo (vi)	brûler complètement	[bryle kɔ̃plɛtmɑ̃]
chamar os bombeiros	appeler les pompiers	[aple le pɔ̃pje]
bombeiro (m)	pompier (m)	[pɔ̃pje]
caminhão (m) de bombeiros	voiture (f) de pompiers	[vwatyr də pɔ̃pje]
corpo (m) de bombeiros	sapeurs-pompiers (m pl)	[sapœrpɔ̃pje]
escada (f) extensível	échelle (f) des pompiers	[eʃɛl de pɔ̃pje]
mangueira (f)	tuyau (m) d'incendie	[tɥijo dɛ̃sɑ̃di]
extintor (m)	extincteur (m)	[ɛkstɛ̃ktœr]
capacete (m)	casque (m)	[kask]
sirene (f)	sirène (f)	[sirɛn]
gritar (vi)	crier (vi)	[krije]
chamar por socorro	appeler au secours	[aple o səkur]
socorrista (m)	secouriste (m)	[səkurist]
salvar, resgatar (vt)	sauver (vt)	[sove]
chegar (vi)	venir (vi)	[vənir]
apagar (vt)	éteindre (vt)	[etɛ̃dr]
água (f)	eau (f)	[o]

areia (f)	sable (m)	[sabl]
ruínas (f pl)	ruines (f pl)	[ryin]
ruir (vi)	tomber en ruine	[tõbe ã ryin]
desmoronar (vi)	s'écrouler (vp)	[sekrule]
desabar (vi)	s'effondrer (vp)	[sefõdre]
fragmento (m)	morceau (m)	[mɔrso]
cinza (f)	cendre (f)	[sãdr]
sufocar (vi)	mourir étouffé	[murir etufe]
perecer (vi)	périr (vi)	[perir]

ATIVIDADES HUMANAS

Emprego. Negócios. Parte 1

97. Banca

banco (m)	banque (f)	[bɑ̃k]
balcão (f)	agence (f) bancaire	[aʒɑ̃s bɑ̃kɛr]
consultor (m) bancário	conseiller (m)	[kɔ̃seje]
gerente (m)	gérant (m)	[ʒerɑ̃]
conta (f)	compte (m)	[kɔ̃t]
número (m) da conta	numéro (m) du compte	[nymero dy kɔ̃t]
conta (f) corrente	compte (m) courant	[kɔ̃t kurɑ̃]
conta (f) poupança	compte (m) sur livret	[kɔ̃t syr livrɛ]
abrir uma conta	ouvrir un compte	[uvrir œ̃ kɔ̃t]
fechar uma conta	clôturer le compte	[klotyre lə kɔ̃t]
depositar na conta	verser dans le compte	[vɛrse dɑ̃ lə kɔ̃t]
sacar (vt)	retirer du compte	[rətire dy kɔ̃t]
depósito (m)	dépôt (m)	[depo]
fazer um depósito	faire un dépôt	[fɛr œ̃ depo]
transferência (f) bancária	virement (m) bancaire	[virmɑ̃ bɑ̃kɛr]
transferir (vt)	faire un transfert	[fɛr œ̃ trɑ̃sfɛr]
soma (f)	somme (f)	[sɔm]
Quanto?	Combien?	[kɔ̃bjɛ̃]
assinatura (f)	signature (f)	[siɲatyr]
assinar (vt)	signer (vt)	[siɲe]
cartão (m) de crédito	carte (f) de crédit	[kart də kredi]
senha (f)	code (m)	[kɔd]
número (m) do cartão de crédito	numéro (m) de carte de crédit	[nymero də kart də kredi]
caixa (m) eletrônico	distributeur (m)	[distribytœr]
cheque (m)	chèque (m)	[ʃɛk]
passar um cheque	faire un chèque	[fɛr œ̃ ʃɛk]
talão (m) de cheques	chéquier (m)	[ʃekje]
empréstimo (m)	crédit (m)	[kredi]
pedir um empréstimo	demander un crédit	[dəmɑ̃de œ̃ kredi]
obter empréstimo	prendre un crédit	[prɑ̃dr œ̃ kredi]
dar um empréstimo	accorder un crédit	[akɔrde œ̃ kredi]
garantia (f)	gage (m)	[gaʒ]

98. Telefone. Conversação telefônica

telefone (m)	téléphone (m)	[telefɔn]
celular (m)	portable (m)	[pɔrtabl]
secretária (f) eletrônica	répondeur (m)	[repɔ̃dœr]
fazer uma chamada	téléphoner, appeler	[telefɔne], [aple]
chamada (f)	appel (m)	[apɛl]
discar um número	composer le numéro	[kɔ̃poze lə nymero]
Alô!	Allô!	[alo]
perguntar (vt)	demander (vt)	[dəmɑ̃de]
responder (vt)	répondre (vi, vt)	[repɔ̃dr]
ouvir (vt)	entendre (vt)	[ɑ̃tɑ̃dr]
bem	bien (adv)	[bjɛ̃]
mal	mal (adv)	[mal]
ruído (m)	bruits (m pl)	[brɥi]
fone (m)	récepteur (m)	[resɛptœr]
pegar o telefone	décrocher (vt)	[dekrɔʃe]
desligar (vi)	raccrocher (vi)	[rakrɔʃe]
ocupado (adj)	occupé (adj)	[ɔkype]
tocar (vi)	sonner (vi)	[sɔ̃]
lista (f) telefônica	carnet (m) de téléphone	[karnɛ də telefɔn]
local (adj)	local (adj)	[lɔkal]
chamada (f) local	appel (m) local	[apɛl lɔkal]
de longa distância	interurbain (adj)	[ɛ̃tɛryrbɛ̃]
chamada (f) de longa distância	appel (m) interurbain	[apɛl ɛ̃tɛryrbɛ̃]
internacional (adj)	international (adj)	[ɛ̃tɛrnasjɔnal]
chamada (f) internacional	appel (m) international	[apɛl ɛ̃tɛrnasjɔnal]

99. Telefone móvel

celular (m)	portable (m)	[pɔrtabl]
tela (f)	écran (m)	[ekrɑ̃]
botão (m)	bouton (m)	[butɔ̃]
cartão SIM (m)	carte SIM (f)	[kart sım]
bateria (f)	pile (f)	[pil]
descarregar-se (vr)	être déchargé	[ɛtr deʃarʒe]
carregador (m)	chargeur (m)	[ʃarʒœr]
menu (m)	menu (m)	[məny]
configurações (f pl)	réglages (m pl)	[reglaʒ]
melodia (f)	mélodie (f)	[melɔdi]
escolher (vt)	sélectionner (vt)	[selɛksjɔne]
calculadora (f)	calculatrice (f)	[kalkylatris]
correio (m) de voz	répondeur (m)	[repɔ̃dœr]

despertador (m)	réveil (m)	[revɛj]
contatos (m pl)	contacts (m pl)	[kɔ̃takt]

mensagem (f) de texto	SMS (m)	[esemes]
assinante (m)	abonné (m)	[abɔne]

100. Estacionário

caneta (f)	stylo (m) à bille	[stilo a bij]
caneta (f) tinteiro	stylo (m) à plume	[stilo a plym]

lápis (m)	crayon (m)	[krɛjɔ̃]
marcador (m) de texto	marqueur (m)	[markœr]
caneta (f) hidrográfica	feutre (m)	[føtr]

bloco (m) de notas	bloc-notes (m)	[blɔknɔt]
agenda (f)	agenda (m)	[aʒɛ̃da]

régua (f)	règle (f)	[rɛgl]
calculadora (f)	calculatrice (f)	[kalkylatris]
borracha (f)	gomme (f)	[gɔm]
alfinete (m)	punaise (f)	[pynɛz]
clipe (m)	trombone (m)	[trɔ̃bɔn]

cola (f)	colle (f)	[kɔl]
grampeador (m)	agrafeuse (f)	[agraføz]
furador (m) de papel	perforateur (m)	[pɛrfɔratœr]
apontador (m)	taille-crayon (m)	[tajkrɛjɔ̃]

Emprego. Negócios. Parte 2

101. Media

jornal (m)	journal (m)	[ʒurnal]
revista (f)	revue (f)	[rəvy]
imprensa (f)	presse (f)	[prɛs]
rádio (m)	radio (f)	[radjo]
estação (f) de rádio	station (f) de radio	[stasjɔ̃ də radjo]
televisão (f)	télévision (f)	[televizjɔ̃]
apresentador (m)	animateur (m)	[animatœr]
locutor (m)	présentateur (m)	[prezɑ̃tatœr]
comentarista (m)	commentateur (m)	[kɔmɑ̃tatœr]
jornalista (m)	journaliste (m)	[ʒurnalist]
correspondente (m)	correspondant (m)	[kɔrɛspɔ̃dɑ̃]
repórter (m) fotográfico	reporter photographe (m)	[rəpɔrtœr fotɔɡraf]
repórter (m)	reporter (m)	[rəpɔrtɛr]
redator (m)	rédacteur (m)	[redaktœr]
redator-chefe (m)	rédacteur (m) en chef	[redaktœr ɑ̃ ʃɛf]
assinar a ...	s'abonner (vp)	[sabɔne]
assinatura (f)	abonnement (m)	[abɔnmɑ̃]
assinante (m)	abonné (m)	[abɔne]
ler (vt)	lire (vi, vt)	[lir]
leitor (m)	lecteur (m)	[lɛktœr]
tiragem (f)	tirage (m)	[tiraʒ]
mensal (adj)	mensuel (adj)	[mɑ̃sɥɛl]
semanal (adj)	hebdomadaire (adj)	[ɛbdɔmadɛr]
número (jornal, revista)	numéro (m)	[nymero]
recente, novo (adj)	nouveau (adj)	[nuvo]
manchete (f)	titre (m)	[titr]
pequeno artigo (m)	entrefilet (m)	[ɑ̃trəfilɛ]
coluna (~ semanal)	rubrique (f)	[rybrik]
artigo (m)	article (m)	[artikl]
página (f)	page (f)	[paʒ]
reportagem (f)	reportage (m)	[rəpɔrtaʒ]
evento (festa, etc.)	événement (m)	[evɛnmɑ̃]
sensação (f)	sensation (f)	[sɑ̃sasjɔ̃]
escândalo (m)	scandale (m)	[skɑ̃dal]
escandaloso (adj)	scandaleux	[skɑ̃dalø]
grande (adj)	grand (adj)	[ɡrɑ̃]
programa (m)	émission (f)	[emisjɔ̃]
entrevista (f)	interview (f)	[ɛ̃tɛrvju]

transmissão (f) ao vivo	émission (f) en direct	[emisjɔ̃ ɑ̃ dirɛkt]
canal (m)	chaîne (f)	[ʃɛn]

102. Agricultura

agricultura (f)	agriculture (f)	[agrikyltyr]
camponês (m)	paysan (m)	[peizɑ̃]
camponesa (f)	paysanne (f)	[peizan]
agricultor, fazendeiro (m)	fermier (m)	[fɛrmje]
trator (m)	tracteur (m)	[traktœr]
colheitadeira (f)	moissonneuse-batteuse (f)	[mwasɔnøzbatøz]
arado (m)	charrue (f)	[ʃary]
arar (vt)	labourer (vt)	[labure]
campo (m) lavrado	champ (m) labouré	[ʃɑ̃ labure]
sulco (m)	sillon (m)	[sijɔ̃]
semear (vt)	semer (vt)	[səme]
plantadeira (f)	semeuse (f)	[səmøz]
semeadura (f)	semailles (f pl)	[səmaj]
foice (m)	faux (f)	[fo]
cortar com foice	faucher (vt)	[foʃe]
pá (f)	pelle (f)	[pɛl]
cavar (vt)	bêcher (vt)	[beʃe]
enxada (f)	couperet (m)	[kuprɛ]
capinar (vt)	sarcler (vt)	[sarkle]
erva (f) daninha	mauvaise herbe (f)	[movɛz ɛrb]
regador (m)	arrosoir (m)	[arozwar]
regar (plantas)	arroser (vt)	[aroze]
rega (f)	arrosage (m)	[arozaʒ]
forquilha (f)	fourche (f)	[furʃ]
ancinho (m)	râteau (m)	[rɑto]
fertilizante (m)	engrais (m)	[ɑ̃grɛ]
fertilizar (vt)	engraisser (vt)	[ɑ̃grese]
estrume, esterco (m)	fumier (m)	[fymje]
campo (m)	champ (m)	[ʃɑ̃]
prado (m)	pré (m)	[pre]
horta (f)	potager (m)	[pɔtaʒe]
pomar (m)	jardin (m)	[ʒardɛ̃]
pastar (vt)	faire paître	[fɛr pɛtr]
pastor (m)	berger (m)	[bɛrʒe]
pastagem (f)	pâturage (m)	[pɑtyraʒ]
pecuária (f)	élevage (m)	[ɛlvaʒ]
criação (f) de ovelhas	élevage (m) de moutons	[ɛlvaʒ də mutɔ̃]

plantação (f)	plantation (f)	[plɑ̃tasjɔ̃]
canteiro (m)	plate-bande (f)	[platbɑ̃d]
estufa (f)	serre (f)	[sɛr]

seca (f)	sécheresse (f)	[seʃrɛs]
seco (verão ~)	sec (adj)	[sɛk]

grão (m)	grains (m pl)	[grɛ̃]
cereais (m pl)	céréales (f pl)	[sereal]
colher (vt)	récolter (vt)	[rekɔlte]

moleiro (m)	meunier (m)	[mønje]
moinho (m)	moulin (m)	[mulɛ̃]
moer (vt)	moudre (vt)	[mudr]
farinha (f)	farine (f)	[farin]
palha (f)	paille (f)	[paj]

103. Construção. Processo de construção

canteiro (m) de obras	chantier (m)	[ʃɑ̃tje]
construir (vt)	construire (vt)	[kɔ̃strɥir]
construtor (m)	ouvrier (m) du bâtiment	[uvrije dy batimɑ̃]

projeto (m)	projet (m)	[prɔʒɛ]
arquiteto (m)	architecte (m)	[arʃitɛkt]
operário (m)	ouvrier (m)	[uvrije]

fundação (f)	fondations (f pl)	[fɔ̃dasjɔ̃]
telhado (m)	toit (m)	[twa]
estaca (f)	pieu (m) de fondation	[pjø də fɔ̃dasjɔ̃]
parede (f)	mur (m)	[myr]

colunas (f pl) de sustentação	ferraillage (m)	[fɛrajaʒ]
andaime (m)	échafaudage (m)	[eʃafodaʒ]

concreto (m)	béton (m)	[betɔ̃]
granito (m)	granit (m)	[grani]
pedra (f)	pierre (f)	[pjɛr]
tijolo (m)	brique (f)	[brik]

areia (f)	sable (m)	[sabl]
cimento (m)	ciment (m)	[simɑ̃]
emboço, reboco (m)	plâtre (m)	[plɑtr]
emboçar, rebocar (vt)	plâtrer (vt)	[plɑtre]

tinta (f)	peinture (f)	[pɛ̃tyr]
pintar (vt)	peindre (vt)	[pɛ̃dr]
barril (m)	tonneau (m)	[tɔno]

grua (f), guindaste (m)	grue (f)	[gry]
erguer (vt)	monter (vt)	[mɔ̃te]
baixar (vt)	abaisser (vt)	[abese]
buldózer (m)	bulldozer (m)	[byldozɛr]
escavadora (f)	excavateur (m)	[ɛkskavatœr]

caçamba (f)	**godet** (m)	[gɔdɛ]
escavar (vt)	**creuser** (vt)	[krøze]
capacete (m) de proteção	**casque** (m)	[kask]

Profissões e ocupações

104. Procura de emprego. Demissão

trabalho (m)	travail (m)	[travaj]
equipe (f)	employés (pl)	[ãplwaje]
pessoal (m)	personnel (m)	[pɛrsɔnɛl]
carreira (f)	carrière (f)	[karjɛr]
perspectivas (f pl)	perspective (f)	[pɛrspɛktiv]
habilidades (f pl)	maîtrise (f)	[metriz]
seleção (f)	sélection (f)	[selɛksjõ]
agência (f) de emprego	agence (f) de recrutement	[aʒãs də rəkrytmã]
currículo (m)	C.V. (m)	[seve]
entrevista (f) de emprego	entretien (m)	[ãtrətjɛ̃]
vaga (f)	emploi (m) vacant	[ãplwa vakã]
salário (m)	salaire (m)	[salɛr]
salário (m) fixo	salaire (m) fixe	[salɛr fiks]
pagamento (m)	rémunération (f)	[remynerasjõ]
cargo (m)	poste (m)	[pɔst]
dever (do empregado)	fonction (f)	[fõksjõ]
gama (f) de deveres	liste (f) des fonctions	[list de fõksjõ]
ocupado (adj)	occupé (adj)	[ɔkype]
despedir, demitir (vt)	licencier (vt)	[lisãsje]
demissão (f)	licenciement (m)	[lisãsimã]
desemprego (m)	chômage (m)	[ʃomaʒ]
desempregado (m)	chômeur (m)	[ʃomœr]
aposentadoria (f)	retraite (f)	[rətrɛt]
aposentar-se (vr)	prendre sa retraite	[prãdr sa rətrɛt]

105. Gente de negócios

diretor (m)	directeur (m)	[dirɛktœr]
gerente (m)	gérant (m)	[ʒerã]
patrão, chefe (m)	patron (m)	[patrõ]
superior (m)	supérieur (m)	[syperjœr]
superiores (m pl)	supérieurs (m pl)	[syperjœr]
presidente (m)	président (m)	[prezidã]
chairman (m)	président (m)	[prezidã]
substituto (m)	adjoint (m)	[adʒwɛ̃]
assistente (m)	assistant (m)	[asistã]

| secretário (m) | secrétaire (m, f) | [səkrɛtɛr] |
| secretário (m) pessoal | secrétaire (m, f) personnel | [səkretɛr pɛrsɔnɛl] |

homem (m) de negócios	homme (m) d'affaires	[ɔm dafɛr]
empreendedor (m)	entrepreneur (m)	[ãtrəprənœr]
fundador (m)	fondateur (m)	[fõdatœr]
fundar (vt)	fonder (vt)	[fõde]

principiador (m)	fondateur (m)	[fõdatœr]
parceiro, sócio (m)	partenaire (m)	[partənɛr]
acionista (m)	actionnaire (m)	[aksjɔnɛr]

milionário (m)	millionnaire (m)	[miljɔnɛr]
bilionário (m)	milliardaire (m)	[miljardɛr]
proprietário (m)	propriétaire (m)	[prɔprijetɛr]
proprietário (m) de terras	propriétaire (m) foncier	[prɔprijetɛr fõsje]

cliente (m)	client (m)	[klijã]
cliente (m) habitual	client (m) régulier	[klijã regylje]
comprador (m)	acheteur (m)	[aʃtœr]
visitante (m)	visiteur (m)	[vizitœr]

profissional (m)	professionnel (m)	[prɔfɛsjɔnɛl]
perito (m)	expert (m)	[ɛkspɛr]
especialista (m)	spécialiste (m)	[spesjalist]

| banqueiro (m) | banquier (m) | [bãkje] |
| corretor (m) | courtier (m) | [kurtje] |

caixa (m, f)	caissier (m)	[kesje]
contador (m)	comptable (m)	[kõtabl]
guarda (m)	agent (m) de sécurité	[aʒã də sekyrite]

investidor (m)	investisseur (m)	[ɛ̃vɛstisœr]
devedor (m)	débiteur (m)	[debitœr]
credor (m)	créancier (m)	[kreãsje]
mutuário (m)	emprunteur (m)	[ãprœ̃tœr]

| importador (m) | importateur (m) | [ɛ̃pɔrtatœr] |
| exportador (m) | exportateur (m) | [ɛkspɔrtatœr] |

produtor (m)	producteur (m)	[prɔdyktœr]
distribuidor (m)	distributeur (m)	[distribytœr]
intermediário (m)	intermédiaire (m)	[ɛ̃tɛrmedjɛr]

consultor (m)	conseiller (m)	[kõseje]
representante comercial	représentant (m)	[rəprezãtã]
agente (m)	agent (m)	[aʒã]
agente (m) de seguros	agent (m) d'assurances	[aʒã dasyrãs]

106. Profissões de serviços

| cozinheiro (m) | cuisinier (m) | [kɥizinje] |
| chefe (m) de cozinha | cuisinier (m) en chef | [kɥizinje ã ʃɛf] |

padeiro (m)	boulanger (m)	[bulɑ̃ʒe]
barman (m)	barman (m)	[barman]
garçom (m)	serveur (m)	[sɛrvœr]
garçonete (f)	serveuse (f)	[sɛrvøz]

advogado (m)	avocat (m)	[avɔka]
jurista (m)	juriste (m)	[ʒyrist]
notário (m)	notaire (m)	[nɔtɛr]

eletricista (m)	électricien (m)	[elɛktrisjɛ̃]
encanador (m)	plombier (m)	[plɔ̃bje]
carpinteiro (m)	charpentier (m)	[ʃarpɑ̃tje]

massagista (m)	masseur (m)	[masœr]
massagista (f)	masseuse (f)	[masøz]
médico (m)	médecin (m)	[medsɛ̃]

taxista (m)	chauffeur (m) de taxi	[ʃofœr də taksi]
condutor (automobilista)	chauffeur (m)	[ʃofœr]
entregador (m)	livreur (m)	[livrœr]

camareira (f)	femme (f) de chambre	[fam də ʃɑ̃br]
guarda (m)	agent (m) de sécurité	[aʒɑ̃ də sekyrite]
aeromoça (f)	hôtesse (f) de l'air	[otɛs də lɛr]

professor (m)	professeur (m)	[prɔfɛsœr]
bibliotecário (m)	bibliothécaire (m)	[biblijɔtekɛr]
tradutor (m)	traducteur (m)	[tradyktœr]
intérprete (m)	interprète (m)	[ɛ̃tɛrprɛt]
guia (m)	guide (m)	[gid]

cabeleireiro (m)	coiffeur (m)	[kwafœr]
carteiro (m)	facteur (m)	[faktœr]
vendedor (m)	vendeur (m)	[vɑ̃dœr]

jardineiro (m)	jardinier (m)	[ʒardinje]
criado (m)	serviteur (m)	[sɛrvitœr]
criada (f)	servante (f)	[sɛrvɑ̃t]
empregada (f) de limpeza	femme (f) de ménage	[fam də menaʒ]

107. Profissões militares e postos

soldado (m) raso	soldat (m)	[sɔlda]
sargento (m)	sergent (m)	[sɛrʒɑ̃]
tenente (m)	lieutenant (m)	[ljøtnɑ̃]
capitão (m)	capitaine (m)	[kapitɛn]

major (m)	commandant (m)	[kɔmɑ̃dɑ̃]
coronel (m)	colonel (m)	[kɔlɔnɛl]
general (m)	général (m)	[ʒeneral]
marechal (m)	maréchal (m)	[mareʃal]
almirante (m)	amiral (m)	[amiral]
militar (m)	militaire (m)	[militɛr]
soldado (m)	soldat (m)	[sɔlda]

| oficial (m) | officier (m) | [ɔfisje] |
| comandante (m) | commandant (m) | [kɔmãdã] |

guarda (m) de fronteira	garde-frontière (m)	[gardəfrõtjɛr]
operador (m) de rádio	opérateur (m) radio	[ɔperatœr radjo]
explorador (m)	éclaireur (m)	[eklɛrœr]
sapador-mineiro (m)	démineur (m)	[deminœr]
atirador (m)	tireur (m)	[tirœr]
navegador (m)	navigateur (m)	[navigatœr]

108. Oficiais. Padres

| rei (m) | roi (m) | [rwa] |
| rainha (f) | reine (f) | [rɛn] |

| príncipe (m) | prince (m) | [prɛ̃s] |
| princesa (f) | princesse (f) | [prɛ̃sɛs] |

| czar (m) | tsar (m) | [tsar] |
| czarina (f) | tsarine (f) | [tsarin] |

presidente (m)	président (m)	[prezidã]
ministro (m)	ministre (m)	[ministr]
primeiro-ministro (m)	premier ministre (m)	[prəmje ministɛr]
senador (m)	sénateur (m)	[senatœr]

diplomata (m)	diplomate (m)	[diplɔmat]
cônsul (m)	consul (m)	[kõsyl]
embaixador (m)	ambassadeur (m)	[ãbasadœr]
conselheiro (m)	conseiller (m)	[kõseje]

funcionário (m)	fonctionnaire (m)	[fõksjɔnɛr]
prefeito (m)	préfet (m)	[prefɛ]
Presidente (m) da Câmara	maire (m)	[mɛr]

| juiz (m) | juge (m) | [ʒyʒ] |
| procurador (m) | procureur (m) | [prɔkyrœr] |

missionário (m)	missionnaire (m)	[misjɔnɛr]
monge (m)	moine (m)	[mwan]
abade (m)	abbé (m)	[abe]
rabino (m)	rabbin (m)	[rabɛ̃]

vizir (m)	vizir (m)	[vizir]
xá (m)	shah (m)	[ʃa]
xeique (m)	cheik (m)	[ʃɛjk]

109. Profissões agrícolas

abelheiro (m)	apiculteur (m)	[apikyltœr]
pastor (m)	berger (m)	[bɛrʒe]
agrônomo (m)	agronome (m)	[agrɔnɔm]

criador (m) de gado   **éleveur** (m)   [elvœr]
veterinário (m)   **vétérinaire** (m)   [veterinɛr]

agricultor, fazendeiro (m)   **fermier** (m)   [fɛrmje]
vinicultor (m)   **vinificateur** (m)   [vinifikatœr]
zoólogo (m)   **zoologiste** (m)   [zɔɔlɔʒist]
vaqueiro (m)   **cow-boy** (m)   [kɔbɔj]

110. Profissões artísticas

ator (m)   **acteur** (m)   [aktœr]
atriz (f)   **actrice** (f)   [aktris]

cantor (m)   **chanteur** (m)   [ʃɑ̃tœr]
cantora (f)   **cantatrice** (f)   [kɑ̃tatris]

bailarino (m)   **danseur** (m)   [dɑ̃sœr]
bailarina (f)   **danseuse** (f)   [dɑ̃søz]

artista (m)   **artiste** (m)   [artist]
artista (f)   **artiste** (f)   [artist]

músico (m)   **musicien** (m)   [myzisjɛ̃]
pianista (m)   **pianiste** (m)   [pjanist]
guitarrista (m)   **guitariste** (m)   [gitarist]

maestro (m)   **chef** (m) **d'orchestre**   [ʃɛf dɔrkɛstr]
compositor (m)   **compositeur** (m)   [kɔ̃pozitœr]
empresário (m)   **imprésario** (m)   [ɛ̃presarjo]

diretor (m) de cinema   **metteur** (m) **en scène**   [mɛtœr ɑ̃ sɛn]
produtor (m)   **producteur** (m)   [prɔdyktœr]
roteirista (m)   **scénariste** (m)   [senarist]
crítico (m)   **critique** (m)   [kritik]

escritor (m)   **écrivain** (m)   [ekrivɛ̃]
poeta (m)   **poète** (m)   [pɔɛt]
escultor (m)   **sculpteur** (m)   [skyltœr]
pintor (m)   **peintre** (m)   [pɛ̃tr]

malabarista (m)   **jongleur** (m)   [ʒɔ̃glœr]
palhaço (m)   **clown** (m)   [klun]
acrobata (m)   **acrobate** (m)   [akrɔbat]
ilusionista (m)   **magicien** (m)   [maʒisjɛ̃]

111. Várias profissões

médico (m)   **médecin** (m)   [medsɛ̃]
enfermeira (f)   **infirmière** (f)   [ɛ̃firmjɛr]
psiquiatra (m)   **psychiatre** (m)   [psikjatr]
dentista (m)   **stomatologue** (m)   [stɔmatɔlɔg]
cirurgião (m)   **chirurgien** (m)   [ʃiryrʒjɛ̃]

astronauta (m)	astronaute (m)	[astrɔnot]
astrônomo (m)	astronome (m)	[astrɔnɔm]
piloto (m)	pilote (m)	[pilɔt]
motorista (m)	chauffeur (m)	[ʃofœr]
maquinista (m)	conducteur (m) de train	[kɔ̃dyktœr də trɛ̃]
mecânico (m)	mécanicien (m)	[mekanisjɛ̃]
mineiro (m)	mineur (m)	[minœr]
operário (m)	ouvrier (m)	[uvrije]
serralheiro (m)	serrurier (m)	[seryrje]
marceneiro (m)	menuisier (m)	[mənɥizje]
torneiro (m)	tourneur (m)	[turnœr]
construtor (m)	ouvrier (m) du bâtiment	[uvrije dy batimɑ̃]
soldador (m)	soudeur (m)	[sudœr]
professor (m)	professeur (m)	[prɔfɛsœr]
arquiteto (m)	architecte (m)	[arʃitɛkt]
historiador (m)	historien (m)	[istɔrjɛ̃]
cientista (m)	savant (m)	[savɑ̃]
físico (m)	physicien (m)	[fizisjɛ̃]
químico (m)	chimiste (m)	[ʃimist]
arqueólogo (m)	archéologue (m)	[arkeɔlɔg]
geólogo (m)	géologue (m)	[ʒeɔlɔg]
pesquisador (cientista)	chercheur (m)	[ʃɛrʃœr]
babysitter, babá (f)	baby-sitter (m, f)	[bebisitœr]
professor (m)	pédagogue (m, f)	[pedagɔg]
redator (m)	rédacteur (m)	[redaktœr]
redator-chefe (m)	rédacteur (m) en chef	[redaktœr ɑ̃ ʃɛf]
correspondente (m)	correspondant (m)	[kɔrɛspɔ̃dɑ̃]
datilógrafa (f)	dactylographe (f)	[daktilɔgraf]
designer (m)	designer (m)	[dizajnœr]
especialista (m) em informática	informaticien (m)	[ɛ̃fɔrmatisjɛ̃]
programador (m)	programmeur (m)	[prɔgramœr]
engenheiro (m)	ingénieur (m)	[ɛ̃ʒenjœr]
marujo (m)	marin (m)	[marɛ̃]
marinheiro (m)	matelot (m)	[matlo]
socorrista (m)	secouriste (m)	[səkurist]
bombeiro (m)	pompier (m)	[pɔ̃pje]
polícia (m)	policier (m)	[pɔlisje]
guarda-noturno (m)	veilleur (m) de nuit	[vejœr də nɥi]
detetive (m)	détective (m)	[detɛktiv]
funcionário (m) da alfândega	douanier (m)	[dwanje]
guarda-costas (m)	garde (m) du corps	[gard dy kɔr]
guarda (m) prisional	gardien (m) de prison	[gardjɛ̃ də prizɔ̃]
inspetor (m)	inspecteur (m)	[ɛ̃spɛktœr]
esportista (m)	sportif (m)	[spɔrtif]
treinador (m)	entraîneur (m)	[ɑ̃trɛnœr]

açougueiro (m)	boucher (m)	[buʃe]
sapateiro (m)	cordonnier (m)	[kɔrdɔnje]
comerciante (m)	commerçant (m)	[kɔmɛrsɑ̃]
carregador (m)	chargeur (m)	[ʃarʒœr]
estilista (m)	couturier (m)	[kutyrje]
modelo (f)	modèle (f)	[mɔdɛl]

112. Ocupações. Estatuto social

estudante (~ de escola)	écolier (m)	[ekɔlje]
estudante (~ universitária)	étudiant (m)	[etydjɑ̃]
filósofo (m)	philosophe (m)	[filɔzɔf]
economista (m)	économiste (m)	[ekɔnɔmist]
inventor (m)	inventeur (m)	[ɛ̃vɑ̃tœr]
desempregado (m)	chômeur (m)	[ʃomœr]
aposentado (m)	retraité (m)	[rətrɛte]
espião (m)	espion (m)	[ɛspjɔ̃]
preso, prisioneiro (m)	prisonnier (m)	[prizɔnje]
grevista (m)	gréviste (m)	[grevist]
burocrata (m)	bureaucrate (m)	[byrokrat]
viajante (m)	voyageur (m)	[vwajaʒœr]
homossexual (m)	homosexuel (m)	[ɔmɔsɛksɥɛl]
hacker (m)	hacker (m)	[akeːr]
hippie (m, f)	hippie (m, f)	[ipi]
bandido (m)	bandit (m)	[bɑ̃di]
assassino (m)	tueur (m) à gages	[tɥœr a gaʒ]
drogado (m)	drogué (m)	[drɔge]
traficante (m)	trafiquant (m) de drogue	[trafikɑ̃ də drɔg]
prostituta (f)	prostituée (f)	[prɔstitɥe]
cafetão (m)	souteneur (m)	[sutnœr]
bruxo (m)	sorcier (m)	[sɔrsje]
bruxa (f)	sorcière (f)	[sɔrsjɛr]
pirata (m)	pirate (m)	[pirat]
escravo (m)	esclave (m)	[ɛsklav]
samurai (m)	samouraï (m)	[samuraj]
selvagem (m)	sauvage (m)	[sovaʒ]

Desportos

113. Tipos de desportos. Desportistas

esportista (m)	sportif (m)	[sportif]
tipo (m) de esporte	type (m) de sport	[tip də spɔr]
basquete (m)	basket-ball (m)	[baskɛtbol]
jogador (m) de basquete	basketteur (m)	[baskɛtœr]
beisebol (m)	base-ball (m)	[bɛzbol]
jogador (m) de beisebol	joueur (m) de base-ball	[ʒwœr də bɛzbol]
futebol (m)	football (m)	[futbol]
jogador (m) de futebol	joueur (m) de football	[ʒwœr də futbol]
goleiro (m)	gardien (m) de but	[gardjɛ̃ də byt]
hóquei (m)	hockey (m)	[ɔkɛ]
jogador (m) de hóquei	hockeyeur (m)	[ɔkɛjœr]
vôlei (m)	volley-ball (m)	[vɔlɛbol]
jogador (m) de vôlei	joueur (m) de volley-ball	[ʒwœr də vɔlɛbol]
boxe (m)	boxe (f)	[boks]
boxeador (m)	boxeur (m)	[boksœr]
luta (f)	lutte (f)	[lyt]
lutador (m)	lutteur (m)	[lytœr]
caratê (m)	karaté (m)	[karate]
carateca (m)	karatéka (m)	[karateka]
judô (m)	judo (m)	[ʒydo]
judoca (m)	judoka (m)	[ʒydɔka]
tênis (m)	tennis (m)	[tenis]
tenista (m)	joueur (m) de tennis	[ʒwœr də tenis]
natação (f)	natation (f)	[natasjɔ̃]
nadador (m)	nageur (m)	[naʒœr]
esgrima (f)	escrime (f)	[ɛskrim]
esgrimista (m)	escrimeur (m)	[ɛskrimœr]
xadrez (m)	échecs (m pl)	[eʃɛk]
jogador (m) de xadrez	joueur (m) d'échecs	[ʒwœr deʃɛk]
alpinismo (m)	alpinisme (m)	[alpinism]
alpinista (m)	alpiniste (m)	[alpinist]
corrida (f)	course (f)	[kurs]

corredor (m)	coureur (m)	[kurœr]
atletismo (m)	athlétisme (m)	[atletism]
atleta (m)	athlète (m)	[atlɛt]

| hipismo (m) | équitation (f) | [ekitasjõ] |
| cavaleiro (m) | cavalier (m) | [kavalje] |

patinação (f) artística	patinage (m) artistique	[patinaʒ artistik]
patinador (m)	patineur (m)	[patinœr]
patinadora (f)	patineuse (f)	[patinøz]

| halterofilismo (m) | haltérophilie (f) | [alterɔfili] |
| halterofilista (m) | haltérophile (m) | [alterɔfil] |

| corrida (f) de carros | course (f) automobile | [kurs otomɔbil] |
| piloto (m) | pilote (m) | [pilɔt] |

| ciclismo (m) | cyclisme (m) | [siklism] |
| ciclista (m) | cycliste (m) | [siklist] |

salto (m) em distância	sauts (m pl) en longueur	[le so ã lõgœr]
salto (m) com vara	sauts (m pl) à la perche	[le so ɑla pɛrʃ]
atleta (m) de saltos	sauteur (m)	[sotœr]

114. Tipos de desportos. Diversos

futebol (m) americano	football (m) américain	[futbol amerikɛ̃]
badminton (m)	badminton (m)	[badmintɔn]
biatlo (m)	biathlon (m)	[biatlõ]
bilhar (m)	billard (m)	[bijar]

bobsled (m)	bobsleigh (m)	[bɔbslɛg]
musculação (f)	bodybuilding (m)	[bɔdibildiŋ]
polo (m) aquático	water-polo (m)	[watɛrpolo]
handebol (m)	handball (m)	[ãdbal]
golfe (m)	golf (m)	[gɔlf]

remo (m)	aviron (m)	[avirõ]
mergulho (m)	plongée (f)	[plõʒe]
corrida (f) de esqui	course (f) à skis	[kurs ɑ ski]
tênis (m) de mesa	tennis (m) de table	[tenis də tabl]

vela (f)	voile (f)	[vwal]
rali (m)	rallye (m)	[rali]
rúgbi (m)	rugby (m)	[rygbi]
snowboard (m)	snowboard (m)	[snəubɔːd]
arco-e-flecha (m)	tir (m) à l'arc	[tir ɑ lark]

115. Ginásio

| barra (f) | barre (f) à disques | [bar ɑ disk] |
| halteres (m pl) | haltères (m pl) | [altɛr] |

aparelho (m) de musculação	appareil (m) d'entraînement	[aparɛj dãtrɛnmã]
bicicleta (f) ergométrica	vélo (m) d'exercice	[velo dɛgzɛrsis]
esteira (f) de corrida	tapis (m) roulant	[tapi rulã]
barra (f) fixa	barre (f) fixe	[bar fiks]
barras (f pl) paralelas	barres (pl) parallèles	[le bar paralɛl]
cavalo (m)	cheval (m) d'Arçons	[ʃəval darsõ]
tapete (m) de ginástica	tapis (m) gymnastique	[tapi ʒimnastik]
corda (f) de saltar	corde (f) à sauter	[kɔrd a sote]
aeróbica (f)	aérobic (m)	[aerobik]
ioga, yoga (f)	yoga (m)	[jɔga]

116. Desportos. Diversos

Jogos (m pl) Olímpicos	Jeux (m pl) olympiques	[ʒø zɔlɛ̃pik]
vencedor (m)	gagnant (m)	[gaɲã]
vencer (vi)	remporter (vt)	[rãpɔrte]
vencer (vi, vt)	gagner (vi)	[gaɲe]
líder (m)	leader (m)	[lidœr]
liderar (vt)	prendre la tête	[prãdr la tɛt]
primeiro lugar (m)	première place (f)	[prəmjɛr plas]
segundo lugar (m)	deuxième place (f)	[døzjɛm plas]
terceiro lugar (m)	troisième place (f)	[trwazjɛm plas]
medalha (f)	médaille (f)	[medaj]
troféu (m)	trophée (m)	[trɔfe]
taça (f)	coupe (f)	[kup]
prêmio (m)	prix (m)	[pri]
prêmio (m) principal	prix (m) principal	[pri prɛ̃sipal]
recorde (m)	record (m)	[rəkɔr]
estabelecer um recorde	établir un record	[etablir œ̃ rəkɔr]
final (m)	finale (f)	[final]
final (adj)	final (adj)	[final]
campeão (m)	champion (m)	[ʃãpjõ]
campeonato (m)	championnat (m)	[ʃãpjɔna]
estádio (m)	stade (m)	[stad]
arquibancadas (f pl)	tribune (f)	[tribyn]
fã, torcedor (m)	supporteur (m)	[sypɔrtœr]
adversário (m)	adversaire (m)	[advɛrsɛr]
partida (f)	départ (m)	[depar]
linha (f) de chegada	ligne (f) d'arrivée	[liɲ darive]
derrota (f)	défaite (f)	[defɛt]
perder (vt)	perdre (vi)	[pɛrdr]
árbitro, juiz (m)	arbitre (m)	[arbitr]
júri (m)	jury (m)	[ʒyri]

resultado (m)	score (m)	[skɔr]
empate (m)	match (m) nul	[matʃnyl]
empatar (vi)	faire match nul	[fɛr matʃnyl]
ponto (m)	point (m)	[pwɛ̃]
resultado (m) final	résultat (m)	[rezylta]
tempo (m)	période (f)	[perjɔd]
intervalo (m)	mi-temps (f)	[mitã]
doping (m)	dopage (m)	[dɔpaʒ]
penalizar (vt)	pénaliser (vt)	[penalize]
desqualificar (vt)	disqualifier (vt)	[diskalifje]
aparelho, aparato (m)	agrès (m)	[agrɛ]
dardo (m)	lance (f)	[lãs]
peso (m)	poids (m)	[pwa]
bola (f)	bille (f)	[bij]
alvo, objetivo (m)	cible (f)	[sibl]
alvo (~ de papel)	cible (f)	[sibl]
disparar, atirar (vi)	tirer (vi)	[tire]
preciso (tiro ~)	précis (adj)	[presi]
treinador (m)	entraîneur (m)	[ãtrɛnœr]
treinar (vt)	entraîner (vt)	[ãtrene]
treinar-se (vr)	s'entraîner (vp)	[sãtrene]
treino (m)	entraînement (m)	[ãtrɛnmã]
academia (f) de ginástica	salle (f) de gym	[sal də ʒim]
exercício (m)	exercice (m)	[ɛgzɛrsis]
aquecimento (m)	échauffement (m)	[eʃofmã]

Educação

117. Escola

escola (f)	école (f)	[ekɔl]
diretor (m) de escola	directeur (m) d'école	[dirɛktœr dekɔl]
aluno (m)	élève (m)	[elɛv]
aluna (f)	élève (f)	[elɛv]
estudante (m)	écolier (m)	[ekɔlje]
estudante (f)	écolière (f)	[ekɔljɛr]
ensinar (vt)	enseigner (vt)	[ãseɲe]
aprender (vt)	apprendre (vt)	[aprãdr]
decorar (vt)	apprendre par cœur	[aprãdr par kœr]
estudar (vi)	apprendre (vi)	[aprãdr]
estar na escola	être étudiant, -e	[ɛtr etydjã, -ãt]
ir à escola	aller à l'école	[ale ɑ lekɔl]
alfabeto (m)	alphabet (m)	[alfabɛ]
disciplina (f)	matière (f)	[matjɛr]
sala (f) de aula	salle (f) de classe	[sal də klas]
lição, aula (f)	leçon (f)	[ləsõ]
recreio (m)	récréation (f)	[rekreasjõ]
toque (m)	sonnerie (f)	[sɔnri]
classe (f)	pupitre (m)	[pypitr]
quadro (m) negro	tableau (m)	[tablo]
nota (f)	note (f)	[nɔt]
boa nota (f)	bonne note (f)	[bɔnnɔt]
nota (f) baixa	mauvaise note (f)	[movɛz nɔt]
dar uma nota	donner une note	[dɔne yn nɔt]
erro (m)	faute (f)	[fot]
errar (vi)	faire des fautes	[fɛr de fot]
corrigir (~ um erro)	corriger (vt)	[kɔriʒe]
cola (f)	antisèche (f)	[ãtisɛʃ]
dever (m) de casa	devoir (m)	[dəvwar]
exercício (m)	exercice (m)	[ɛgzɛrsis]
estar presente	être présent	[ɛtr prezã]
estar ausente	être absent	[ɛtr apsã]
faltar às aulas	manquer l'école	[mãke lekɔl]
punir (vt)	punir (vt)	[pynir]
punição (f)	punition (f)	[pynisjõ]
comportamento (m)	conduite (f)	[kõdɥit]

boletim (m) escolar	carnet (m) de notes	[karnɛ də nɔt]
lápis (m)	crayon (m)	[krɛjõ]
borracha (f)	gomme (f)	[gɔm]
giz (m)	craie (f)	[krɛ]
porta-lápis (m)	plumier (m)	[plymje]

mala, pasta, mochila (f)	cartable (m)	[kartabl]
caneta (f)	stylo (m)	[stilo]
caderno (m)	cahier (m)	[kaje]
livro (m) didático	manuel (m)	[manɥɛl]
compasso (m)	compas (m)	[kõpa]

traçar (vt)	dessiner (vt)	[desine]
desenho (m) técnico	dessin (m) technique	[desɛ̃ tɛknik]

poesia (f)	poésie (f)	[pɔezi]
de cor	par cœur (adv)	[par kœr]
decorar (vt)	apprendre par cœur	[aprãdr par kœr]

férias (f pl)	vacances (f pl)	[vakãs]
estar de férias	être en vacances	[ɛtr ã vakãs]
passar as férias	passer les vacances	[pɑse le vakãs]

teste (m), prova (f)	interrogation (f) écrite	[ɛ̃terɔgasjõ ekrit]
redação (f)	composition (f)	[kõpozisjõ]
ditado (m)	dictée (f)	[dikte]
exame (m), prova (f)	examen (m)	[ɛgzamɛ̃]
fazer prova	passer les examens	[pɑse lezɛgzamɛ̃]
experiência (~ química)	expérience (f)	[ɛksperjãs]

118. Colégio. Universidade

academia (f)	académie (f)	[akademi]
universidade (f)	université (f)	[ynivɛrsite]
faculdade (f)	faculté (f)	[fakylte]

estudante (m)	étudiant (m)	[etydjã]
estudante (f)	étudiante (f)	[etydjãt]
professor (m)	enseignant (m)	[ãsɛɲã]

auditório (m)	salle (f)	[sal]
graduado (m)	licencié (m)	[lisãsje]

diploma (m)	diplôme (m)	[diplom]
tese (f)	thèse (f)	[tɛz]

estudo (obra)	étude (f)	[etyd]
laboratório (m)	laboratoire (m)	[labɔratwar]

palestra (f)	cours (m)	[kur]
colega (m) de curso	camarade (m) de cours	[kamarad də kur]

bolsa (f) de estudos	bourse (f)	[burs]
grau (m) acadêmico	grade (m) universitaire	[grad ynivɛrsitɛr]

119. Ciências. Disciplinas

matemática (f)	mathématiques (f pl)	[matematik]
álgebra (f)	algèbre (f)	[alʒɛbr]
geometria (f)	géométrie (f)	[ʒeɔmetri]
astronomia (f)	astronomie (f)	[astrɔnɔmi]
biologia (f)	biologie (f)	[bjɔlɔʒi]
geografia (f)	géographie (f)	[ʒeɔgrafi]
geologia (f)	géologie (f)	[ʒeɔlɔʒi]
história (f)	histoire (f)	[istwar]
medicina (f)	médecine (f)	[medsin]
pedagogia (f)	pédagogie (f)	[pedagɔʒi]
direito (m)	droit (m)	[drwa]
física (f)	physique (f)	[fizik]
química (f)	chimie (f)	[ʃimi]
filosofia (f)	philosophie (f)	[filɔzɔfi]
psicologia (f)	psychologie (f)	[psikɔlɔʒi]

120. Sistema de escrita. Ortografia

gramática (f)	grammaire (f)	[gramɛr]
vocabulário (m)	vocabulaire (m)	[vɔkabylɛr]
fonética (f)	phonétique (f)	[fɔnetik]
substantivo (m)	nom (m)	[nõ]
adjetivo (m)	adjectif (m)	[adʒɛktif]
verbo (m)	verbe (m)	[vɛrb]
advérbio (m)	adverbe (m)	[advɛrb]
pronome (m)	pronom (m)	[prɔnõ]
interjeição (f)	interjection (f)	[ɛ̃tɛrʒɛksjõ]
preposição (f)	préposition (f)	[prepozisjõ]
raiz (f)	racine (f)	[rasin]
terminação (f)	terminaison (f)	[tɛrminɛzõ]
prefixo (m)	préfixe (m)	[prefiks]
sílaba (f)	syllabe (f)	[silab]
sufixo (m)	suffixe (m)	[syfiks]
acento (m)	accent (m) tonique	[aksã tɔnik]
apóstrofo (f)	apostrophe (f)	[apɔstrɔf]
ponto (m)	point (m)	[pwɛ̃]
vírgula (f)	virgule (f)	[virgyl]
ponto e vírgula (m)	point (m) virgule	[pwɛ̃ virgyl]
dois pontos (m pl)	deux-points (m)	[døpwɛ̃]
reticências (f pl)	points (m pl) de suspension	[pwɛ̃ də syspãsjõ]
ponto (m) de interrogação	point (m) d'interrogation	[pwɛ̃ dɛ̃terɔgasjõ]
ponto (m) de exclamação	point (m) d'exclamation	[pwɛ̃ dɛksklamasjõ]

aspas (f pl)	guillemets (m pl)	[gijmɛ]
entre aspas	entre guillemets	[ɑ̃tr gijmɛ]
parênteses (m pl)	parenthèses (f pl)	[parɑ̃tɛz]
entre parênteses	entre parenthèses	[ɑ̃tr parɑ̃tɛz]

hífen (m)	trait (m) d'union	[trɛ dynjɔ̃]
travessão (m)	tiret (m)	[tire]
espaço (m)	blanc (m)	[blɑ̃]

| letra (f) | lettre (f) | [lɛtr] |
| letra (f) maiúscula | majuscule (f) | [maʒyskyl] |

| vogal (f) | voyelle (f) | [vwajɛl] |
| consoante (f) | consonne (f) | [kɔ̃sɔn] |

frase (f)	proposition (f)	[prɔpozisjɔ̃]
sujeito (m)	sujet (m)	[syʒɛ]
predicado (m)	prédicat (m)	[predika]

linha (f)	ligne (f)	[liɲ]
em uma nova linha	à la ligne	[ɑlaliɲ]
parágrafo (m)	paragraphe (m)	[paragraf]

palavra (f)	mot (m)	[mo]
grupo (m) de palavras	groupe (m) de mots	[grup də mo]
expressão (f)	expression (f)	[ɛkspresjɔ̃]
sinônimo (m)	synonyme (m)	[sinɔnim]
antônimo (m)	antonyme (m)	[ɑ̃tɔnim]

regra (f)	règle (f)	[rɛgl]
exceção (f)	exception (f)	[ɛksɛpsjɔ̃]
correto (adj)	correct (adj)	[kɔrɛkt]

conjugação (f)	conjugaison (f)	[kɔ̃ʒygɛzɔ̃]
declinação (f)	déclinaison (f)	[deklinɛzɔ̃]
caso (m)	cas (m)	[ka]
pergunta (f)	question (f)	[kɛstjɔ̃]
sublinhar (vt)	souligner (vt)	[suliɲe]
linha (f) pontilhada	pointillé (m)	[pwɛ̃tije]

121. Línguas estrangeiras

língua (f)	langue (f)	[lɑ̃g]
língua (f) estrangeira	langue (f) étrangère	[lɑ̃g etrɑ̃ʒɛr]
estudar (vt)	étudier (vt)	[etydje]
aprender (vt)	apprendre (vt)	[aprɑ̃dr]

ler (vt)	lire (vi, vt)	[lir]
falar (vi)	parler (vi)	[parle]
entender (vt)	comprendre (vt)	[kɔ̃prɑ̃dr]
escrever (vt)	écrire (vt)	[ekrir]

| rapidamente | vite (adv) | [vit] |
| devagar, lentamente | lentement (adv) | [lɑ̃tmɑ̃] |

fluentemente	couramment (adv)	[kuramã]
regras (f pl)	règles (f pl)	[rɛgl]
gramática (f)	grammaire (f)	[gramɛr]
vocabulário (m)	vocabulaire (m)	[vɔkabylɛr]
fonética (f)	phonétique (f)	[fɔnetik]
livro (m) didático	manuel (m)	[manɥɛl]
dicionário (m)	dictionnaire (m)	[diksjɔnɛr]
manual (m) autodidático	manuel (m) autodidacte	[manɥɛl otodidakt]
guia (m) de conversação	guide (m) de conversation	[gid də kɔ̃vɛrsasjɔ̃]
fita (f) cassete	cassette (f)	[kasɛt]
videoteipe (m)	cassette (f) vidéo	[kasɛt video]
CD (m)	CD (m)	[sede]
DVD (m)	DVD (m)	[devede]
alfabeto (m)	alphabet (m)	[alfabɛ]
soletrar (vt)	épeler (vt)	[eple]
pronúncia (f)	prononciation (f)	[prɔnɔ̃sjasjɔ̃]
sotaque (m)	accent (m)	[aksã]
com sotaque	avec un accent	[avɛk œn aksã]
sem sotaque	sans accent	[sã zaksã]
palavra (f)	mot (m)	[mo]
sentido (m)	sens (m)	[sãs]
curso (m)	cours (m pl)	[kur]
inscrever-se (vr)	s'inscrire (vp)	[sɛ̃skrir]
professor (m)	professeur (m)	[prɔfɛsœr]
tradução (processo)	traduction (f)	[tradyksjɔ̃]
tradução (texto)	traduction (f)	[tradyksjɔ̃]
tradutor (m)	traducteur (m)	[tradyktœr]
intérprete (m)	interprète (m)	[ɛ̃tɛrprɛt]
poliglota (m)	polyglotte (m)	[pɔliglɔt]
memória (f)	mémoire (f)	[memwar]

122. Personagens de contos de fadas

Papai Noel (m)	Père Noël (m)	[pɛr nɔɛl]
Cinderela (f)	Cendrillon (f)	[sãdrijɔ̃]
sereia (f)	sirène (f)	[sirɛn]
Netuno (m)	Neptune (m)	[nɛptyn]
bruxo, feiticeiro (m)	magicien (m)	[maʒisjɛ̃]
fada (f)	fée (f)	[fe]
mágico (adj)	magique (adj)	[maʒik]
varinha (f) mágica	baguette (f) magique	[bagɛt maʒik]
conto (m) de fadas	conte (m) de fées	[kɔ̃t də fe]
milagre (m)	miracle (m)	[mirakl]
anão (m)	gnome (m)	[gnom]

transformar-se em ...	se transformer en ...	[sə trãsfɔrme ã]
fantasma (m)	fantôme (m)	[fãtom]
fantasma (m)	esprit (m)	[ɛspri]
monstro (m)	monstre (m)	[mõstr]
dragão (m)	dragon (m)	[dragõ]
gigante (m)	géant (m)	[ʒeã]

123. Signos do Zodíaco

Áries (f)	Bélier (m)	[belje]
Touro (m)	Taureau (m)	[tɔro]
Gêmeos (m pl)	Gémeaux (m pl)	[ʒemo]
Câncer (m)	Cancer (m)	[kãsɛr]
Leão (m)	Lion (m)	[ljõ]
Virgem (f)	Vierge (f)	[vjɛrʒ]

Libra (f)	Balance (f)	[balãs]
Escorpião (m)	Scorpion (m)	[skɔrpjõ]
Sagitário (m)	Sagittaire (m)	[saʒitɛr]
Capricórnio (m)	Capricorne (m)	[kaprikɔrn]
Aquário (m)	Verseau (m)	[vɛrso]
Peixes (pl)	Poissons (m pl)	[pwasõ]

caráter (m)	caractère (m)	[karaktɛr]
traços (m pl) do caráter	traits (m pl) du caractère	[trɛ dy karaktɛr]
comportamento (m)	conduite (f)	[kõdɥit]
prever a sorte	dire la bonne aventure	[dir la bɔnavãtyr]
adivinha (f)	diseuse (f)	[dizøz
	de bonne aventure	də bɔnavãtyr]
horóscopo (m)	horoscope (m)	[ɔrɔskɔp]

Artes

124. Teatro

teatro (m)	théâtre (m)	[teɑtr]
ópera (f)	opéra (m)	[ɔpera]
opereta (f)	opérette (f)	[ɔperɛt]
balé (m)	ballet (m)	[balɛ]
cartaz (m)	affiche (f)	[afiʃ]
companhia (f) de teatro	troupe (f)	[trup]
turnê (f)	tournée (f)	[turne]
estar em turnê	être en tournée	[ɛtr ɑ̃ turne]
ensaiar (vt)	répéter (vt)	[repete]
ensaio (m)	répétition (f)	[repetisjɔ̃]
repertório (m)	répertoire (m)	[repɛrtwar]
apresentação (f)	représentation (f)	[rəprezɑ̃tasjɔ̃]
espetáculo (m)	spectacle (m)	[spɛktakl]
peça (f)	pièce (f) de théâtre	[pjɛs də teɑtr]
entrada (m)	billet (m)	[bijɛ]
bilheteira (f)	billetterie (f)	[bijɛtri]
hall (m)	hall (m)	[ol]
vestiário (m)	vestiaire (m)	[vɛstjɛr]
senha (f) numerada	jeton (m)	[ʒətɔ̃]
binóculo (m)	jumelles (f pl)	[ʒymɛl]
lanterninha (m)	placeur (m)	[plasœr]
plateia (f)	parterre (m)	[partɛr]
balcão (m)	balcon (m)	[balkɔ̃]
primeiro balcão (m)	premier (m) balcon	[prəmje balkɔ̃]
camarote (m)	loge (f)	[lɔʒ]
fila (f)	rang (m)	[rɑ̃]
assento (m)	place (f)	[plas]
público (m)	public (m)	[pyblik]
espectador (m)	spectateur (m)	[spɛktatœr]
aplaudir (vt)	applaudir (vi)	[aplodir]
aplauso (m)	applaudissements (m pl)	[aplodismɑ̃]
ovação (f)	ovation (f)	[ɔvasjɔ̃]
palco (m)	scène (f)	[sɛn]
cortina (f)	rideau (m)	[rido]
cenário (m)	décor (m)	[dekɔr]
bastidores (m pl)	coulisses (f pl)	[kulis]
cena (f)	scène (f)	[sɛn]
ato (m)	acte (m)	[akt]
intervalo (m)	entracte (m)	[ɑ̃trakt]

125. Cinema

ator (m)	acteur (m)	[aktœr]
atriz (f)	actrice (f)	[aktris]
cinema (m)	cinéma (m)	[sinema]
filme (m)	film (m)	[film]
episódio (m)	épisode (m)	[epizɔd]
filme (m) policial	film (m) policier	[film pɔlisje]
filme (m) de ação	film (m) d'action	[film daksjɔ̃]
filme (m) de aventuras	film (m) d'aventures	[film davɑ̃tyr]
filme (m) de ficção científica	film (m) de science-fiction	[film də sjɑ̃sfiksjɔ̃]
filme (m) de horror	film (m) d'horreur	[film dɔrœr]
comédia (f)	comédie (f)	[kɔmedi]
melodrama (m)	mélodrame (m)	[melɔdram]
drama (m)	drame (m)	[dram]
filme (m) de ficção	film (m) de fiction	[film də fiksjɔ̃]
documentário (m)	documentaire (m)	[dɔkymɑ̃tɛr]
desenho (m) animado	dessin (m) animé	[desɛn anime]
cinema (m) mudo	cinéma (m) muet	[sinema mɥɛ]
papel (m)	rôle (m)	[rol]
papel (m) principal	rôle (m) principal	[rəʊl prɛ̃sipal]
representar (vt)	jouer (vt)	[ʒwe]
estrela (f) de cinema	vedette (f)	[vədɛt]
conhecido (adj)	connu (adj)	[kɔny]
famoso (adj)	célèbre (adj)	[selɛbr]
popular (adj)	populaire (adj)	[pɔpylɛr]
roteiro (m)	scénario (m)	[senarjo]
roteirista (m)	scénariste (m)	[senarist]
diretor (m) de cinema	metteur (m) en scène	[mɛtœr ɑ̃ sɛn]
produtor (m)	producteur (m)	[prɔdyktœr]
assistente (m)	assistant (m)	[asistɑ̃]
diretor (m) de fotografia	opérateur (m)	[ɔperatœr]
dublê (m)	cascadeur (m)	[kaskadœr]
dublê (m) de corpo	doublure (f)	[dublyr]
filmar (vt)	tourner un film	[turne œ̃ film]
audição (f)	audition (f)	[odisjɔ̃]
filmagem (f)	tournage (m)	[turnaʒ]
equipe (f) de filmagem	équipe (f) de tournage	[ekip də turnaʒ]
set (m) de filmagem	plateau (m) de tournage	[plato də turnaʒ]
câmera (f)	caméra (f)	[kamera]
cinema (m)	cinéma (m)	[sinema]
tela (f)	écran (m)	[ekrɑ̃]
exibir um filme	donner un film	[dɔne œ̃ film]
trilha (f) sonora	piste (f) sonore	[pist sɔnɔr]
efeitos (m pl) especiais	effets (m pl) spéciaux	[efɛ spesjø]

legendas (f pl)	sous-titres (m pl)	[sutitr]
crédito (m)	générique (m)	[ʒenerik]
tradução (f)	traduction (f)	[tradyksjõ]

126. Pintura

arte (f)	art (m)	[ar]
belas-artes (f pl)	beaux-arts (m pl)	[bozar]
galeria (f) de arte	galerie (f) d'art	[galri dar]
exibição (f) de arte	exposition (f) d'art	[ɛkspozisjõ dar]

pintura (f)	peinture (f)	[pɛ̃tyr]
arte (f) gráfica	graphique (f)	[grafik]
arte (f) abstrata	art (m) abstrait	[ar apstrɛ]
impressionismo (m)	impressionnisme (m)	[ɛ̃presjɔnism]

pintura (f), quadro (m)	tableau (m)	[tablo]
desenho (m)	dessin (m)	[desɛ̃]
cartaz, pôster (m)	poster (m)	[pɔstɛr]

ilustração (f)	illustration (f)	[ilystrasjõ]
miniatura (f)	miniature (f)	[minjatyr]
cópia (f)	copie (f)	[kɔpi]
reprodução (f)	reproduction (f)	[rəprɔdyksjõ]

mosaico (m)	mosaïque (f)	[mɔzaik]
vitral (m)	vitrail (m)	[vitraj]
afresco (m)	fresque (f)	[frɛsk]
gravura (f)	gravure (f)	[gravyr]

busto (m)	buste (m)	[byst]
escultura (f)	sculpture (f)	[skyltyr]
estátua (f)	statue (f)	[staty]
gesso (m)	plâtre (m)	[plɑtr]
em gesso (adj)	en plâtre	[ã plɑtr]

retrato (m)	portrait (m)	[pɔrtrɛ]
autorretrato (m)	autoportrait (m)	[otopɔrtrɛ]
paisagem (f)	paysage (m)	[peizaʒ]
natureza (f) morta	nature (f) morte	[natyr mɔrt]
caricatura (f)	caricature (f)	[karikatyr]
esboço (m)	croquis (m)	[krɔki]

tinta (f)	peinture (f)	[pɛ̃tyr]
aquarela (f)	aquarelle (f)	[akwarɛl]
tinta (f) a óleo	huile (f)	[ɥil]
lápis (m)	crayon (m)	[krɛjõ]
tinta (f) nanquim	encre (f) de Chine	[ãkr də ʃin]
carvão (m)	fusain (m)	[fyzɛ̃]

desenhar (vt)	dessiner (vi, vt)	[desine]
pintar (vt)	peindre (vi, vt)	[pɛ̃dr]
posar (vi)	poser (vi)	[poze]
modelo (m)	modèle (m)	[mɔdɛl]

modelo (f)	modèle (f)	[mɔdɛl]
pintor (m)	peintre (m)	[pɛ̃tr]
obra (f)	œuvre (f) d'art	[œvr dar]
obra-prima (f)	chef (m) d'œuvre	[ʃɛdœvr]
estúdio (m)	atelier (m) d'artiste	[atəlje dartist]
tela (f)	toile (f)	[twal]
cavalete (m)	chevalet (m)	[ʃəvalɛ]
paleta (f)	palette (f)	[palɛt]
moldura (f)	encadrement (m)	[ãkadrəmã]
restauração (f)	restauration (f)	[rɛstɔrasjɔ̃]
restaurar (vt)	restaurer (vt)	[rɛstɔre]

127. Literatura & Poesia

literatura (f)	littérature (f)	[literatyr]
autor (m)	auteur (m)	[otœr]
pseudônimo (m)	pseudonyme (m)	[psødɔnim]
livro (m)	livre (m)	[livr]
volume (m)	volume (m)	[vɔlym]
índice (m)	table (f) des matières	[tabl de matjɛr]
página (f)	page (f)	[paʒ]
protagonista (m)	protagoniste (m)	[prɔtagɔnist]
autógrafo (m)	autographe (m)	[otograf]
conto (m)	récit (m)	[resi]
novela (f)	nouvelle (f)	[nuvɛl]
romance (m)	roman (m)	[rɔmã]
obra (f)	œuvre (f) littéraire	[œvr literɛr]
fábula (m)	fable (f)	[fabl]
romance (m) policial	roman (m) policier	[rɔmã pɔlisje]
verso (m)	vers (m)	[vɛr]
poesia (f)	poésie (f)	[pɔezi]
poema (m)	poème (m)	[pɔɛm]
poeta (m)	poète (m)	[pɔɛt]
ficção (f)	belles-lettres (f pl)	[bɛllɛtr]
ficção (f) científica	science-fiction (f)	[sjãsfiksjɔ̃]
aventuras (f pl)	aventures (f pl)	[avãtyr]
literatura (f) didática	littérature (f) didactique	[literatyr didaktik]
literatura (f) infantil	littérature (f) pour enfants	[literatyr pur ãfã]

128. Circo

circo (m)	cirque (m)	[sirk]
circo (m) ambulante	chapiteau (m)	[ʃapito]
programa (m)	programme (m)	[prɔgram]
apresentação (f)	représentation (f)	[rəprezãtasjɔ̃]
número (m)	numéro (m)	[nymero]

picadeiro (f)	arène (f)	[arɛn]
pantomima (f)	pantomime (f)	[pɑ̃tɔmim]
palhaço (m)	clown (m)	[klun]

acrobata (m)	acrobate (m)	[akrɔbat]
acrobacia (f)	acrobatie (f)	[akrɔbasi]
ginasta (m)	gymnaste (m)	[ʒimnast]
ginástica (f)	gymnastique (f)	[ʒimnastik]
salto (m) mortal	salto (m)	[salto]

homem (m) forte	hercule (m)	[ɛrkyl]
domador (m)	dompteur (m)	[dɔ̃tœr]
cavaleiro (m) equilibrista	écuyer (m)	[ekɥije]
assistente (m)	assistant (m)	[asistɑ̃]

truque (m)	truc (m)	[tryk]
truque (m) de mágica	tour (m) de passe-passe	[tur də pɑspɑs]
ilusionista (m)	magicien (m)	[maʒisjɛ̃]

malabarista (m)	jongleur (m)	[ʒɔ̃glœr]
fazer malabarismos	jongler (vi)	[ʒɔ̃gle]
adestrador (m)	dresseur (m)	[drɛsœr]
adestramento (m)	dressage (m)	[drɛsaʒ]
adestrar (vt)	dresser (vt)	[drese]

129. Música. Música popular

música (f)	musique (f)	[myzik]
músico (m)	musicien (m)	[myzisjɛ̃]
instrumento (m) musical	instrument (m) de musique	[ɛ̃strymɑ̃ də myzik]
tocar ...	jouer de ...	[ʒwe də]

guitarra (f)	guitare (f)	[gitar]
violino (m)	violon (m)	[vjɔlɔ̃]
violoncelo (m)	violoncelle (m)	[vjɔlɔ̃sɛl]
contrabaixo (m)	contrebasse (f)	[kɔ̃trəbas]
harpa (f)	harpe (f)	[arp]

piano (m)	piano (m)	[pjano]
piano (m) de cauda	piano (m) à queue	[pjano ɑ kø]
órgão (m)	orgue (m)	[ɔrg]

instrumentos (m pl) de sopro	instruments (m pl) à vent	[ɛ̃strymɑ̃ ɑ vɑ̃]
oboé (m)	hautbois (m)	[obwa]
saxofone (m)	saxophone (m)	[saksɔfɔn]
clarinete (m)	clarinette (f)	[klarinɛt]
flauta (f)	flûte (f)	[flyt]
trompete (m)	trompette (f)	[trɔ̃pɛt]

| acordeão (m) | accordéon (m) | [akɔrdeɔ̃] |
| tambor (m) | tambour (m) | [tɑ̃bur] |

| dueto (m) | duo (m) | [dyo] |
| trio (m) | trio (m) | [trijo] |

quarteto (m)	quartette (m)	[kwartɛt]
coro (m)	chœur (m)	[kœr]
orquestra (f)	orchestre (m)	[ɔrkɛstr]

música (f) pop	musique (f) pop	[myzik pɔp]
música (f) rock	musique (f) rock	[myzik rɔk]
grupo (m) de rock	groupe (m) de rock	[grup də rɔk]
jazz (m)	jazz (m)	[dʒaz]

| ídolo (m) | idole (f) | [idɔl] |
| fã, admirador (m) | admirateur (m) | [admiratœr] |

concerto (m)	concert (m)	[kɔ̃sɛr]
sinfonia (f)	symphonie (f)	[sɛ̃fɔni]
composição (f)	œuvre (f) musicale	[œvr myzikal]
compor (vt)	composer (vt)	[kɔ̃poze]

canto (m)	chant (m)	[ʃɑ̃]
canção (f)	chanson (f)	[ʃɑ̃sɔ̃]
melodia (f)	mélodie (f)	[melɔdi]
ritmo (m)	rythme (m)	[ritm]
blues (m)	blues (m)	[bluz]

notas (f pl)	notes (f pl)	[nɔt]
batuta (f)	baguette (f)	[bagɛt]
arco (m)	archet (m)	[arʃɛ]
corda (f)	corde (f)	[kɔrd]
estojo (m)	étui (m)	[etɥi]

Descanso. Entretenimento. Viagens

130. Viagens

turismo (m)	tourisme (m)	[turism]
turista (m)	touriste (m)	[turist]
viagem (f)	voyage (m)	[vwajaʒ]
aventura (f)	aventure (f)	[avɑ̃tyr]
percurso (curta viagem)	voyage (m)	[vwajaʒ]
férias (f pl)	vacances (f pl)	[vakɑ̃s]
estar de férias	être en vacances	[ɛtr ɑ̃ vakɑ̃s]
descanso (m)	repos (m)	[rəpo]
trem (m)	train (m)	[trɛ̃]
de trem (chegar ~)	en train	[ɑ̃ trɛ̃]
avião (m)	avion (m)	[avjɔ̃]
de avião	en avion	[ɑn avjɔ̃]
de carro	en voiture	[ɑ̃ vwatyr]
de navio	en bateau	[ɑ̃ bato]
bagagem (f)	bagage (m)	[bagaʒ]
mala (f)	malle (f)	[mal]
carrinho (m)	chariot (m)	[ʃarjo]
passaporte (m)	passeport (m)	[pɑspɔr]
visto (m)	visa (m)	[viza]
passagem (f)	ticket (m)	[tikɛ]
passagem (f) aérea	billet (m) d'avion	[bijɛ davjɔ̃]
guia (m) de viagem	guide (m)	[gid]
mapa (m)	carte (f)	[kart]
área (f)	région (f)	[reʒjɔ̃]
lugar (m)	endroit (m)	[ɑ̃drwa]
exotismo (m)	exotisme (m)	[ɛgzɔtism]
exótico (adj)	exotique (adj)	[ɛgzɔtik]
surpreendente (adj)	étonnant (adj)	[etɔnɑ̃]
grupo (m)	groupe (m)	[grup]
excursão (f)	excursion (f)	[ɛkskyrsjɔ̃]
guia (m)	guide (m)	[gid]

131. Hotel

hotel (m)	hôtel (m)	[otɛl]
motel (m)	motel (m)	[mɔtɛl]
três estrelas	3 étoiles	[trwa zetwal]

cinco estrelas	5 étoiles	[sɛk etwal]
ficar (vi, vt)	descendre (vi)	[desãdr]
quarto (m)	chambre (f)	[ʃãbr]
quarto (m) individual	chambre (f) simple	[ʃãbr sɛpl]
quarto (m) duplo	chambre (f) double	[ʃãbr dubl]
reservar um quarto	réserver une chambre	[rezɛrve yn ʃãbr]
meia pensão (f)	demi-pension (f)	[dəmipãsjõ]
pensão (f) completa	pension (f) complète	[pãsjõ kõplɛt]
com banheira	avec une salle de bain	[avɛk yn saldəbɛ̃]
com chuveiro	avec une douche	[avɛk yn duʃ]
televisão (m) por satélite	télévision (f) par satellite	[televizjõ par satelit]
ar (m) condicionado	climatiseur (m)	[klimatizœr]
toalha (f)	serviette (f)	[sɛrvjɛt]
chave (f)	clé, clef (f)	[kle]
administrador (m)	administrateur (m)	[administratœr]
camareira (f)	femme (f) de chambre	[fam də ʃãbr]
bagageiro (m)	porteur (m)	[portœr]
porteiro (m)	portier (m)	[pɔrtje]
restaurante (m)	restaurant (m)	[rɛstɔrã]
bar (m)	bar (m)	[bar]
café (m) da manhã	petit déjeuner (m)	[pəti deʒœne]
jantar (m)	dîner (m)	[dine]
bufê (m)	buffet (m)	[byfɛ]
saguão (m)	hall (m)	[ol]
elevador (m)	ascenseur (m)	[asãsœr]
NÃO PERTURBE	PRIÈRE DE NE PAS DÉRANGER	[prijɛr dənəpɑ derãʒe]
PROIBIDO FUMAR!	DÉFENSE DE FUMER	[defãs də fyme]

132. Livros. Leitura

livro (m)	livre (m)	[livr]
autor (m)	auteur (m)	[otœr]
escritor (m)	écrivain (m)	[ekrivɛ̃]
escrever (~ um livro)	écrire (vt)	[ekrir]
leitor (m)	lecteur (m)	[lɛktœr]
ler (vt)	lire (vi, vt)	[lir]
leitura (f)	lecture (f)	[lɛktyr]
para si	à part soi	[ɑ par swa]
em voz alta	à haute voix	[ɑ ot vwa]
publicar (vt)	éditer (vt)	[edite]
publicação (f)	édition (f)	[edisjõ]
editor (m)	éditeur (m)	[editœr]
editora (f)	maison (f) d'édition	[mɛzõ dedisjõ]

sair (vi)	paraître (vi)	[parɛtr]
lançamento (m)	sortie (f)	[sɔrti]
tiragem (f)	tirage (m)	[tiraʒ]
livraria (f)	librairie (f)	[librɛri]
biblioteca (f)	bibliothèque (f)	[biblijɔtɛk]
novela (f)	nouvelle (f)	[nuvɛl]
conto (m)	récit (m)	[resi]
romance (m)	roman (m)	[rɔmɑ̃]
romance (m) policial	roman (m) policier	[rɔmɑ̃ pɔlisje]
memórias (f pl)	mémoires (m pl)	[memwar]
lenda (f)	légende (f)	[leʒɑ̃d]
mito (m)	mythe (m)	[mit]
poesia (f)	vers (m pl)	[vɛr]
autobiografia (f)	autobiographie (f)	[otobjɔgrafi]
obras (f pl) escolhidas	les œuvres choisies	[lezœvr ʃwazi]
ficção (f) científica	science-fiction (f)	[sjɑ̃sfiksjɔ̃]
título (m)	titre (m)	[titr]
introdução (f)	introduction (f)	[ɛ̃trɔdyksjɔ̃]
folha (f) de rosto	page (f) de titre	[paʒ də titr]
capítulo (m)	chapitre (m)	[ʃapitr]
excerto (m)	extrait (m)	[ɛkstrɛ]
episódio (m)	épisode (m)	[epizɔd]
enredo (m)	sujet (m)	[syʒɛ]
conteúdo (m)	sommaire (m)	[sɔmɛr]
índice (m)	table (f) des matières	[tabl de matjɛr]
protagonista (m)	protagoniste (m)	[prɔtagɔnist]
volume (m)	volume (m)	[vɔlym]
capa (f)	couverture (f)	[kuvɛrtyr]
encadernação (f)	reliure (f)	[rəljyr]
marcador (m) de página	marque-page (m)	[markpaʒ]
página (f)	page (f)	[paʒ]
folhear (vt)	feuilleter (vt)	[fœjte]
margem (f)	marges (f pl)	[marʒ]
anotação (f)	annotation (f)	[anɔtasjɔ̃]
nota (f) de rodapé	note (f) de bas de page	[nɔt dəba dəpaʒ]
texto (m)	texte (m)	[tɛkst]
fonte (f)	police (f)	[pɔlis]
falha (f) de impressão	faute (f) d'impression	[fot dɛ̃presjɔ̃]
tradução (f)	traduction (f)	[tradyksjɔ̃]
traduzir (vt)	traduire (vt)	[tradɥir]
original (m)	original (m)	[ɔriʒinal]
famoso (adj)	célèbre (adj)	[selɛbr]
desconhecido (adj)	inconnu (adj)	[ɛ̃kɔny]
interessante (adj)	intéressant (adj)	[ɛ̃terɛsɑ̃]

best-seller (m)	best-seller (m)	[bɛstsɛlœr]
dicionário (m)	dictionnaire (m)	[diksjɔnɛr]
livro (m) didático	manuel (m)	[manɥɛl]
enciclopédia (f)	encyclopédie (f)	[ɑ̃siklɔpedi]

133. Caça. Pesca

caça (f)	chasse (f)	[ʃas]
caçar (vi)	chasser (vi, vt)	[ʃase]
caçador (m)	chasseur (m)	[ʃasœr]

disparar, atirar (vi)	tirer (vi)	[tire]
rifle (m)	fusil (m)	[fyzi]
cartucho (m)	cartouche (f)	[kartuʃ]
chumbo (m) de caça	grains (m pl) de plomb	[grɛ̃ də plɔ̃]

armadilha (f)	piège (m) à mâchoires	[pjɛʒ ɑ mɑʃwar]
armadilha (com corda)	piège (m)	[pjɛʒ]
pôr a armadilha	mettre un piège	[mɛtr œ̃ pjɛʒ]

caçador (m) furtivo	braconnier (m)	[brakɔnje]
caça (animais)	gibier (m)	[ʒibje]
cão (m) de caça	chien (m) de chasse	[ʃjɛ̃ də ʃas]

| safári (m) | safari (m) | [safari] |
| animal (m) empalhado | animal (m) empaillé | [animal ɑ̃paje] |

pescador (m)	pêcheur (m)	[pɛʃœr]
pesca (f)	pêche (f)	[pɛʃ]
pescar (vt)	pêcher (vi)	[peʃe]

vara (f) de pesca	canne (f) à pêche	[kan ɑ pɛʃ]
linha (f) de pesca	ligne (f) de pêche	[liɲ də pɛʃ]
anzol (m)	hameçon (m)	[amsɔ̃]

| boia (f), flutuador (m) | flotteur (m) | [flɔtœr] |
| isca (f) | amorce (f) | [amɔrs] |

| lançar a linha | lancer la ligne | [lɑ̃se la liɲ] |
| morder (peixe) | mordre (vt) | [mɔrdr] |

| pesca (f) | pêche (f) | [pɛʃ] |
| buraco (m) no gelo | trou (m) dans la glace | [tru dɑ̃ la glas] |

rede (f)	filet (m)	[filɛ]
barco (m)	barque (f)	[bark]
pescar com rede	pêcher au filet	[peʃe o filɛ]

| lançar a rede | jeter un filet | [ʒəte ɑ̃ filɛ] |
| puxar a rede | retirer le filet | [rətire lə filɛ] |

baleeiro (m)	baleinier (m)	[balenje]
baleeira (f)	baleinière (f)	[balenjɛr]
arpão (m)	harpon (m)	[arpɔ̃]

134. Jogos. Bilhar

bilhar (m)	**billard** (m)	[bijar]
sala (f) de bilhar	**salle** (f) **de billard**	[sal də bijar]
bola (f) de bilhar	**bille** (f) **de billard**	[bij də bijar]
embolsar uma bola	**empocher une bille**	[ɑ̃pɔʃe yn bij]
taco (m)	**queue** (f)	[kø]
caçapa (f)	**poche** (f)	[pɔʃ]

135. Jogos. Jogar cartas

ouros (m pl)	**carreau** (m)	[karo]
espadas (f pl)	**pique** (m)	[pik]
copas (f pl)	**cœur** (m)	[kœr]
paus (m pl)	**trèfle** (m)	[trɛfl]
ás (m)	**as** (m)	[as]
rei (m)	**roi** (m)	[rwa]
dama (f), rainha (f)	**dame** (f)	[dam]
valete (m)	**valet** (m)	[valɛ]
carta (f) de jogar	**carte** (f)	[kart]
cartas (f pl)	**jeu** (m) **de cartes**	[ʒø də kart]
trunfo (m)	**atout** (m)	[atu]
baralho (m)	**paquet** (m) **de cartes**	[pakɛ də kart]
ponto (m)	**point** (m)	[pwɛ̃]
dar, distribuir (vt)	**distribuer** (vt)	[distribɥe]
embaralhar (vt)	**battre les cartes**	[batr lekart]
vez, jogada (f)	**tour** (m)	[tur]
trapaceiro (m)	**tricheur** (m)	[triʃœr]

136. Descanso. Jogos. Diversos

passear (vi)	**se promener** (vp)	[sə prɔmne]
passeio (m)	**promenade** (f)	[prɔmnad]
viagem (f) de carro	**tour** (m), **promenade** (f)	[tur], [prɔmnad]
aventura (f)	**aventure** (f)	[avɑ̃tyr]
piquenique (m)	**pique-nique** (m)	[piknik]
jogo (m)	**jeu** (m)	[ʒø]
jogador (m)	**joueur** (m)	[ʒwœr]
partida (f)	**partie** (f)	[parti]
colecionador (m)	**collectionneur** (m)	[kɔlɛksjɔnœr]
colecionar (vt)	**collectionner** (vt)	[kɔlɛksjɔne]
coleção (f)	**collection** (f)	[kɔlɛksjɔ̃]
palavras (f pl) cruzadas	**mots** (m pl) **croisés**	[mo krwaze]
hipódromo (m)	**hippodrome** (m)	[ipɔdrom]

discoteca (f)	discothèque (f)	[diskɔtɛk]
sauna (f)	sauna (m)	[sona]
loteria (f)	loterie (f)	[lɔtri]
campismo (m)	trekking (m)	[trɛkiŋ]
acampamento (m)	camp (m)	[kɑ̃]
barraca (f)	tente (f)	[tɑ̃t]
bússola (f)	boussole (f)	[busɔl]
campista (m)	campeur (m)	[kɑ̃pœr]
ver (vt), assistir à ...	regarder (vt)	[rəgarde]
telespectador (m)	téléspectateur (m)	[telespɛktatœr]
programa (m) de TV	émission (f) de télé	[emisjɔ̃ də tele]

137. Fotografia

máquina (f) fotográfica	appareil (m) photo	[aparɛj fɔto]
foto, fotografia (f)	photo (f)	[fɔto]
fotógrafo (m)	photographe (m)	[fɔtɔgraf]
estúdio (m) fotográfico	studio (m) de photo	[stydjo də fɔto]
álbum (m) de fotografias	album (m) de photos	[albɔm də fɔto]
lente (f) fotográfica	objectif (m)	[ɔbʒɛktif]
lente (f) teleobjetiva	téléobjectif (m)	[teleɔbʒɛktif]
filtro (m)	filtre (m)	[filtr]
lente (f)	lentille (f)	[lɑ̃tij]
ótica (f)	optique (f)	[ɔptik]
abertura (f)	diaphragme (m)	[djafragm]
exposição (f)	temps (m) de pose	[tɑ̃ də poz]
visor (m)	viseur (m)	[vizœr]
câmera (f) digital	appareil (m) photo numérique	[aparɛj fɔto nymerik]
tripé (m)	trépied (m)	[trepje]
flash (m)	flash (m)	[flaʃ]
fotografar (vt)	photographier (vt)	[fɔtɔgrafje]
tirar fotos	prendre en photo	[prɑ̃dr ɑ̃ fɔto]
fotografar-se (vr)	se faire prendre en photo	[sə fɛr prɑ̃dr ɑ̃ fɔto]
foco (m)	mise (f) au point	[miz o pwɛ̃]
focar (vt)	mettre au point	[mɛtr o pwɛ̃]
nítido (adj)	net (adj)	[nɛt]
nitidez (f)	netteté (f)	[nɛtte]
contraste (m)	contraste (m)	[kɔ̃trast]
contrastante (adj)	contrasté (adj)	[kɔ̃traste]
retrato (m)	épreuve (f)	[eprœv]
negativo (m)	négatif (m)	[negatif]
filme (m)	pellicule (f)	[pelikyl]
fotograma (m)	image (f)	[imaʒ]
imprimir (vt)	tirer (vt)	[tire]

138. Praia. Natação

praia (f)	plage (f)	[plaʒ]
areia (f)	sable (m)	[sabl]
deserto (adj)	désert (adj)	[dezɛr]
bronzeado (m)	bronzage (m)	[brɔ̃zaʒ]
bronzear-se (vr)	se bronzer (vp)	[sə brɔ̃ze]
bronzeado (adj)	bronzé (adj)	[brɔ̃ze]
protetor (m) solar	crème (f) solaire	[krɛm sɔlɛr]
biquíni (m)	bikini (m)	[bikini]
maiô (m)	maillot (m) de bain	[majo də bɛ̃]
calção (m) de banho	slip (m) de bain	[slip də bɛ̃]
piscina (f)	piscine (f)	[pisin]
nadar (vi)	nager (vi)	[naʒe]
chuveiro (m), ducha (f)	douche (f)	[duʃ]
mudar, trocar (vt)	se changer (vp)	[sə ʃɑ̃ʒe]
toalha (f)	serviette (f)	[sɛrvjɛt]
barco (m)	barque (f)	[bark]
lancha (f)	canot (m) à moteur	[kano ɑ mɔtœr]
esqui (m) aquático	ski (m) nautique	[ski notik]
barco (m) de pedais	pédalo (m)	[pedalo]
surf, surfe (m)	surf (m)	[sœrf]
surfista (m)	surfeur (m)	[sœrfœr]
equipamento (m) de mergulho	scaphandre (m) autonome	[skafɑ̃dr ɔtɔnɔm]
pé (m pl) de pato	palmes (f pl)	[palm]
máscara (f)	masque (m)	[mask]
mergulhador (m)	plongeur (m)	[plɔ̃ʒœr]
mergulhar (vi)	plonger (vi)	[plɔ̃ʒe]
debaixo d'água	sous l'eau	[su lo]
guarda-sol (m)	parasol (m)	[parasɔl]
espreguiçadeira (f)	chaise (f) longue	[ʃɛz lɔ̃g]
óculos (m pl) de sol	lunettes (f pl) de soleil	[lynɛt də sɔlɛj]
colchão (m) de ar	matelas (m) pneumatique	[matla pnømatik]
brincar (vi)	jouer (vi)	[ʒwe]
ir nadar	se baigner (vp)	[sə beɲe]
bola (f) de praia	ballon (m) de plage	[balɔ̃ də plaʒ]
encher (vt)	gonfler (vt)	[gɔ̃fle]
inflável (adj)	gonflable (adj)	[gɔ̃flabl]
onda (f)	vague (f)	[vag]
boia (f)	bouée (f)	[bwe]
afogar-se (vr)	se noyer (vp)	[sə nwaje]
salvar (vt)	sauver (vt)	[sove]
colete (m) salva-vidas	gilet (m) de sauvetage	[ʒilɛ də sovtaʒ]
observar (vt)	observer (vt)	[ɔpsɛrve]
salva-vidas (pessoa)	maître nageur (m)	[mɛtr naʒœr]

EQUIPAMENTO TÉCNICO. TRANSPORTES

Equipamento técnico. Transportes

139. Computador

computador (m)	ordinateur (m)	[ɔrdinatœr]
computador (m) portátil	PC (m) portable	[pese pɔrtabl]
ligar (vt)	allumer (vt)	[alyme]
desligar (vt)	éteindre (vt)	[etɛ̃dr]
teclado (m)	clavier (m)	[klavje]
tecla (f)	touche (f)	[tuʃ]
mouse (m)	souris (f)	[suri]
tapete (m) para mouse	tapis (m) de souris	[tapi də suri]
botão (m)	bouton (m)	[butɔ̃]
cursor (m)	curseur (m)	[kyrsœr]
monitor (m)	moniteur (m)	[mɔnitœr]
tela (f)	écran (m)	[ekrɑ̃]
disco (m) rígido	disque (m) dur	[disk dyr]
capacidade (f) do disco rígido	capacité (f) du disque dur	[kapasite dy disk dyr]
memória (f)	mémoire (f)	[memwar]
memória RAM (f)	mémoire (f) vive	[memwar viv]
arquivo (m)	fichier (m)	[fiʃje]
pasta (f)	dossier (m)	[dosje]
abrir (vt)	ouvrir (vt)	[uvrir]
fechar (vt)	fermer (vt)	[fɛrme]
salvar (vt)	sauvegarder (vt)	[sovgarde]
deletar (vt)	supprimer (vt)	[syprime]
copiar (vt)	copier (vt)	[kɔpje]
ordenar (vt)	trier (vt)	[trije]
copiar (vt)	copier (vt)	[kɔpje]
programa (m)	programme (m)	[prɔgram]
software (m)	logiciel (m)	[lɔʒisjɛl]
programador (m)	programmeur (m)	[prɔgramœr]
programar (vt)	programmer (vt)	[prɔgrame]
hacker (m)	hacker (m)	[akeːr]
senha (f)	mot (m) de passe	[mo də pɑs]
vírus (m)	virus (m)	[virys]
detectar (vt)	découvrir (vt)	[dekuvrir]
byte (m)	bit (m)	[bit]

megabyte (m)	mégabit (m)	[megabit]
dados (m pl)	données (f pl)	[dɔne]
base (f) de dados	base (f) de données	[baz də dɔne]
cabo (m)	câble (m)	[kabl]
desconectar (vt)	déconnecter (vt)	[dekɔnɛkte]
conectar (vt)	connecter (vt)	[kɔnɛkte]

140. Internet. E-mail

internet (f)	Internet (m)	[ɛ̃tɛrnɛt]
browser (m)	navigateur (m)	[navigatœr]
motor (m) de busca	moteur (m) de recherche	[mɔtœr də rəʃɛrʃ]
provedor (m)	fournisseur (m) d'accès	[furnisœr daksɛ]
webmaster (m)	administrateur (m) de site	[administratœr də sit]
website (m)	site (m) web	[sit wɛb]
web page (f)	page (f) web	[paʒ wɛb]
endereço (m)	adresse (f)	[adrɛs]
livro (m) de endereços	carnet (m) d'adresses	[karnɛ dadrɛs]
caixa (f) de correio	boîte (f) de réception	[bwat də resɛpsjɔ̃]
correio (m)	courrier (m)	[kurje]
mensagem (f)	message (m)	[mesaʒ]
mensagens (f pl) recebidas	messages (pl) entrants	[mesaʒ ɑ̃trɑ̃]
mensagens (f pl) enviadas	messages (pl) sortants	[mesaʒ sɔrtɑ̃]
remetente (m)	expéditeur (m)	[ɛkspeditœr]
enviar (vt)	envoyer (vt)	[ɑ̃vwaje]
envio (m)	envoi (m)	[ɑ̃vwa]
destinatário (m)	destinataire (m)	[dɛstinatɛr]
receber (vt)	recevoir (vt)	[rəsəvwar]
correspondência (f)	correspondance (f)	[kɔrɛspɔ̃dɑ̃s]
corresponder-se (vr)	être en correspondance	[ɛtr ɑ̃ kɔrɛspɔ̃dɑ̃s]
arquivo (m)	fichier (m)	[fiʃje]
fazer download, baixar (vt)	télécharger (vt)	[teleʃarʒe]
criar (vt)	créer (vt)	[kree]
deletar (vt)	supprimer (vt)	[syprime]
deletado (adj)	supprimé (adj)	[syprime]
conexão (f)	connexion (f)	[kɔnɛksjɔ̃]
velocidade (f)	vitesse (f)	[vitɛs]
modem (m)	modem (m)	[mɔdɛm]
acesso (m)	accès (m)	[aksɛ]
porta (f)	port (m)	[pɔr]
conexão (f)	connexion (f)	[kɔnɛksjɔ̃]
conectar (vi)	se connecter à ...	[sə kɔnɛkte a]
escolher (vt)	sélectionner (vt)	[selɛksjɔne]
buscar (vt)	rechercher (vt)	[rəʃɛrʃe]

Transportes

141. Avião

avião (m)	avion (m)	[avjɔ̃]
passagem (f) aérea	billet (m) d'avion	[bijɛ davjɔ̃]
companhia (f) aérea	compagnie (f) aérienne	[kɔ̃paɲi aerjɛn]
aeroporto (m)	aéroport (m)	[aeropɔr]
supersônico (adj)	supersonique (adj)	[sypɛrsɔnik]
comandante (m) do avião	commandant (m) de bord	[kɔmɑ̃dɑ̃ də bɔr]
tripulação (f)	équipage (m)	[ekipaʒ]
piloto (m)	pilote (m)	[pilɔt]
aeromoça (f)	hôtesse (f) de l'air	[otɛs də lɛr]
copiloto (m)	navigateur (m)	[navigatœr]
asas (f pl)	ailes (f pl)	[ɛl]
cauda (f)	queue (f)	[kø]
cabine (f)	cabine (f)	[kabin]
motor (m)	moteur (m)	[mɔtœr]
trem (m) de pouso	train (m) d'atterrissage	[trɛ̃ daterisaʒ]
turbina (f)	turbine (f)	[tyrbin]
hélice (f)	hélice (f)	[elis]
caixa-preta (f)	boîte (f) noire	[bwat nwar]
coluna (f) de controle	gouvernail (m)	[guvɛrnaj]
combustível (m)	carburant (m)	[karbyrɑ̃]
instruções (f pl) de segurança	consigne (f) de sécurité	[kɔ̃siɲ də sekyrite]
máscara (f) de oxigênio	masque (m) à oxygène	[mask ɑ ɔksiʒɛn]
uniforme (m)	uniforme (m)	[ynifɔrm]
colete (m) salva-vidas	gilet (m) de sauvetage	[ʒilɛ də sovtaʒ]
paraquedas (m)	parachute (m)	[paraʃyt]
decolagem (f)	décollage (m)	[dekɔlaʒ]
descolar (vi)	décoller (vi)	[dekɔle]
pista (f) de decolagem	piste (f) de décollage	[pist dekɔlaʒ]
visibilidade (f)	visibilité (f)	[vizibilite]
voo (m)	vol (m)	[vɔl]
altura (f)	altitude (f)	[altityd]
poço (m) de ar	trou (m) d'air	[tru dɛr]
assento (m)	place (f)	[plas]
fone (m) de ouvido	écouteurs (m pl)	[ekutœr]
mesa (f) retrátil	tablette (f)	[tablɛt]
janela (f)	hublot (m)	[yblo]
corredor (m)	couloir (m)	[kulwar]

142. Comboio

trem (m)	train (m)	[trɛ̃]
trem (m) elétrico	train (m) de banlieue	[trɛ̃ də bɑ̃ljø]
trem (m)	TGV (m)	[teʒeve]
locomotiva (f) diesel	locomotive (f) diesel	[lɔkɔmɔtiv djezɛl]
locomotiva (f) a vapor	locomotive (f) à vapeur	[lɔkɔmɔtiv a vapœr]
vagão (f) de passageiros	wagon (m)	[vagɔ̃]
vagão-restaurante (m)	wagon-restaurant (m)	[vagɔ̃rɛstɔrɑ̃]
carris (m pl)	rails (m pl)	[raj]
estrada (f) de ferro	chemin (m) de fer	[ʃəmɛ̃ də fɛr]
travessa (f)	traverse (f)	[travɛrs]
plataforma (f)	quai (m)	[kɛ]
linha (f)	voie (f)	[vwa]
semáforo (m)	sémaphore (m)	[semafɔr]
estação (f)	station (f)	[stasjɔ̃]
maquinista (m)	conducteur (m) de train	[kɔ̃dyktœr də trɛ̃]
bagageiro (m)	porteur (m)	[pɔrtœr]
hospedeiro, -a (m, f)	steward (m)	[stiwart]
passageiro (m)	passager (m)	[pasaʒe]
revisor (m)	contrôleur (m)	[kɔ̃trolœr]
corredor (m)	couloir (m)	[kulwar]
freio (m) de emergência	frein (m) d'urgence	[frɛ̃ dyrʒɑ̃s]
compartimento (m)	compartiment (m)	[kɔ̃partimɑ̃]
cama (f)	couchette (f)	[kuʃɛt]
cama (f) de cima	couchette (f) d'en haut	[kuʃɛt dɛ̃ o]
cama (f) de baixo	couchette (f) d'en bas	[kuʃɛt dɛ̃ba]
roupa (f) de cama	linge (m) de lit	[lɛ̃ʒ də li]
passagem (f)	ticket (m)	[tikɛ]
horário (m)	horaire (m)	[ɔrɛr]
painel (m) de informação	tableau (m) d'informations	[tablo dɛ̃fɔrmasjɔ̃]
partir (vt)	partir (vi)	[partir]
partida (f)	départ (m)	[depar]
chegar (vi)	arriver (vi)	[arive]
chegada (f)	arrivée (f)	[arive]
chegar de trem	arriver en train	[arive ɑ̃ trɛ̃]
pegar o trem	prendre le train	[prɑ̃dr lə trɛ̃]
descer de trem	descendre du train	[desɑ̃dr dy trɛ̃]
acidente (m) ferroviário	accident (m) ferroviaire	[aksidɑ̃ ferɔvjɛr]
descarrilar (vi)	dérailler (vi)	[deraje]
locomotiva (f) a vapor	locomotive (f) à vapeur	[lɔkɔmɔtiv a vapœr]
foguista (m)	chauffeur (m)	[ʃofœr]
fornalha (f)	chauffe (f)	[ʃof]
carvão (m)	charbon (m)	[ʃarbɔ̃]

143. Barco

navio (m)	bateau (m)	[bato]
embarcação (f)	navire (m)	[navir]
barco (m) a vapor	bateau (m) à vapeur	[bato a vapœr]
barco (m) fluvial	paquebot (m)	[pakbo]
transatlântico (m)	bateau (m) de croisière	[bato də krwazjɛr]
cruzeiro (m)	croiseur (m)	[krwazœr]
iate (m)	yacht (m)	[jot]
rebocador (m)	remorqueur (m)	[rəmɔrkœr]
barcaça (f)	péniche (f)	[peniʃ]
ferry (m)	ferry (m)	[feri]
veleiro (m)	voilier (m)	[vwalje]
bergantim (m)	brigantin (m)	[brigɑ̃tɛ̃]
quebra-gelo (m)	brise-glace (m)	[brizglas]
submarino (m)	sous-marin (m)	[sumarɛ̃]
bote, barco (m)	canot (m) à rames	[kano a ram]
baleeira (bote salva-vidas)	dinghy (m)	[diŋgi]
bote (m) salva-vidas	canot (m) de sauvetage	[kano də sovtaʒ]
lancha (f)	canot (m) à moteur	[kano a mɔtœr]
capitão (m)	capitaine (m)	[kapitɛn]
marinheiro (m)	matelot (m)	[matlo]
marujo (m)	marin (m)	[marɛ̃]
tripulação (f)	équipage (m)	[ekipaʒ]
contramestre (m)	maître (m) d'équipage	[mɛtr dekipaʒ]
grumete (m)	mousse (m)	[mus]
cozinheiro (m) de bordo	cuisinier (m) du bord	[kɥizinje dy bɔr]
médico (m) de bordo	médecin (m) de bord	[medsɛ̃ də bɔr]
convés (m)	pont (m)	[pɔ̃]
mastro (m)	mât (m)	[ma]
vela (f)	voile (f)	[vwal]
porão (m)	cale (f)	[kal]
proa (f)	proue (f)	[pru]
popa (f)	poupe (f)	[pup]
remo (m)	rame (f)	[ram]
hélice (f)	hélice (f)	[elis]
cabine (m)	cabine (f)	[kabin]
sala (f) dos oficiais	carré (m) des officiers	[kare dezɔfisje]
sala (f) das máquinas	salle (f) des machines	[sal de maʃin]
ponte (m) de comando	passerelle (f)	[pɑsrɛl]
sala (f) de comunicações	cabine (f) de T.S.F.	[kabin də teɛsɛf]
onda (f)	onde (f)	[ɔ̃d]
diário (m) de bordo	journal (m) de bord	[ʒurnal də bɔr]
luneta (f)	longue-vue (f)	[lɔ̃gvy]
sino (m)	cloche (f)	[klɔʃ]

bandeira (f)	pavillon (m)	[pavijɔ̃]
cabo (m)	grosse corde (f) tressée	[gros kɔrd trese]
nó (m)	nœud (m) marin	[nø marɛ̃]
corrimão (m)	rampe (f)	[rɑ̃p]
prancha (f) de embarque	passerelle (f)	[pasrɛl]
âncora (f)	ancre (f)	[ɑ̃kr]
recolher a âncora	lever l'ancre	[ləve lɑ̃kr]
jogar a âncora	jeter l'ancre	[ʒəte lɑ̃kr]
amarra (corrente de âncora)	chaîne (f) d'ancrage	[ʃɛn dɑ̃kraʒ]
porto (m)	port (m)	[pɔr]
cais, amarradouro (m)	embarcadère (m)	[ɑ̃barkadɛr]
atracar (vi)	accoster (vi)	[akɔste]
desatracar (vi)	larguer les amarres	[large lezamar]
viagem (f)	voyage (m)	[vwajaʒ]
cruzeiro (m)	croisière (f)	[krwazjɛr]
rumo (m)	cap (m)	[kap]
itinerário (m)	itinéraire (m)	[itinerɛr]
canal (m) de navegação	chenal (m)	[ʃənal]
banco (m) de areia	bas-fond (m)	[bafɔ̃]
encalhar (vt)	échouer sur un bas-fond	[eʃwe syr œ̃ bafɔ̃]
tempestade (f)	tempête (f)	[tɑ̃pɛt]
sinal (m)	signal (m)	[siɲal]
afundar-se (vr)	sombrer (vi)	[sɔ̃bre]
Homem ao mar!	Un homme à la mer!	[ynɔm alamɛr]
SOS	SOS (m)	[ɛsoɛs]
boia (f) salva-vidas	bouée (f) de sauvetage	[bwe də sovtaʒ]

144. Aeroporto

aeroporto (m)	aéroport (m)	[aeropɔr]
avião (m)	avion (m)	[avjɔ̃]
companhia (f) aérea	compagnie (f) aérienne	[kɔ̃paɲi aerjɛn]
controlador (m) de tráfego aéreo	contrôleur (m) aérien	[kɔ̃trolœr aerjɛ̃]
partida (f)	départ (m)	[depar]
chegada (f)	arrivée (f)	[arive]
chegar (vi)	arriver (vi)	[arive]
hora (f) de partida	temps (m) de départ	[tɑ̃ də depar]
hora (f) de chegada	temps (m) d'arrivée	[tɑ̃ darive]
estar atrasado	être retardé	[ɛtr rətarde]
atraso (m) de voo	retard (m) de l'avion	[rətar də lavjɔ̃]
painel (m) de informação	tableau (m) d'informations	[tablo dɛ̃fɔrmasjɔ̃]
informação (f)	information (f)	[ɛ̃fɔrmasjɔ̃]
anunciar (vt)	annoncer (vt)	[anɔ̃se]

voo (m)	vol (m)	[vɔl]
alfândega (f)	douane (f)	[dwan]
funcionário (m) da alfândega	douanier (m)	[dwanje]

declaração (f) alfandegária	déclaration (f) de douane	[deklarasjɔ̃ də dwan]
preencher (vt)	remplir (vt)	[rãplir]
preencher a declaração	remplir la déclaration	[rãplir la deklarasjɔ̃]
controle (m) de passaporte	contrôle (m) de passeport	[kɔ̃trol də paspɔr]

bagagem (f)	bagage (m)	[bagaʒ]
bagagem (f) de mão	bagage (m) à main	[bagaʒ a mɛ̃]
carrinho (m)	chariot (m)	[ʃarjo]

pouso (m)	atterrissage (m)	[aterisaʒ]
pista (f) de pouso	piste (f) d'atterrissage	[pist daterisaʒ]
aterrissar (vi)	atterrir (vi)	[aterir]
escada (f) de avião	escalier (m) d'avion	[ɛskalje davjɔ̃]

check-in (m)	enregistrement (m)	[ãrəʒistrəmã]
balcão (m) do check-in	comptoir (m) d'enregistrement	[kɔ̃twar dãrəʒistrəmã]
fazer o check-in	s'enregistrer (vp)	[sãrəʒistre]
cartão (m) de embarque	carte (f) d'embarquement	[kart dãbarkəmã]
portão (m) de embarque	porte (f) d'embarquement	[pɔrt dãbarkəmã]

trânsito (m)	transit (m)	[trãzit]
esperar (vi, vt)	attendre (vt)	[atãdr]
sala (f) de espera	salle (f) d'attente	[sal datãt]
despedir-se (acompanhar)	raccompagner (vt)	[rakɔ̃paɲe]
despedir-se (dizer adeus)	dire au revoir	[dir ərəvwar]

145. Bicicleta. Motocicleta

bicicleta (f)	vélo (m)	[velo]
lambreta (f)	scooter (m)	[skutœr]
moto (f)	moto (f)	[mɔto]

ir de bicicleta	faire du vélo	[fɛr dy velo]
guidão (m)	guidon (m)	[gidɔ̃]
pedal (m)	pédale (f)	[pedal]
freios (m pl)	freins (m pl)	[frɛ̃]
banco, selim (m)	selle (f)	[sɛl]

bomba (f)	pompe (f)	[pɔ̃p]
bagageiro (m) de teto	porte-bagages (m)	[pɔrtbagaʒ]
lanterna (f)	phare (m)	[far]
capacete (m)	casque (m)	[kask]

roda (f)	roue (f)	[ru]
para-choque (m)	garde-boue (m)	[gardəbu]
aro (m)	jante (f)	[ʒãt]
raio (m)	rayon (m)	[rɛjɔ̃]

Carros

146. Tipos de carros

carro, automóvel (m)	automobile (f)	[otomɔbil]
carro (m) esportivo	voiture (f) de sport	[vwatyr də spɔr]
limusine (f)	limousine (f)	[limuzin]
todo o terreno (m)	tout-terrain (m)	[tutɛrɛ̃]
conversível (m)	cabriolet (m)	[kabrijɔlɛ]
minibus (m)	minibus (m)	[minibys]
ambulância (f)	ambulance (f)	[ãbylãs]
limpa-neve (m)	chasse-neige (m)	[ʃasnɛʒ]
caminhão (m)	camion (m)	[kamjõ]
caminhão-tanque (m)	camion-citerne (m)	[kamjõ sitɛrn]
perua, van (f)	fourgon (m)	[furgõ]
caminhão-trator (m)	tracteur (m) routier	[traktœr rutje]
reboque (m)	remorque (f)	[rəmɔrk]
confortável (adj)	confortable (adj)	[kõfɔrtabl]
usado (adj)	d'occasion (adj)	[dɔkazjõ]

147. Carros. Carroçaria

capô (m)	capot (m)	[kapo]
para-choque (m)	aile (f)	[ɛl]
teto (m)	toit (m)	[twa]
para-brisa (m)	pare-brise (m)	[parbriz]
retrovisor (m)	rétroviseur (m)	[retrɔvizœr]
esguicho (m)	lave-glace (m)	[lavglas]
limpadores (m) de para-brisas	essuie-glace (m)	[esɥiglas]
vidro (m) lateral	fenêtre (f) latéral	[fənɛtr lateral]
elevador (m) do vidro	lève-glace (m)	[lɛvglas]
antena (f)	antenne (f)	[ãtɛn]
teto (m) solar	toit (m) ouvrant	[twa uvrã]
para-choque (m)	pare-chocs (m)	[parʃɔk]
porta-malas (f)	coffre (m)	[kɔfr]
bagageira (f)	galerie (f) de toit	[galri də twa]
porta (f)	portière (f)	[pɔrtjɛr]
maçaneta (f)	poignée (f)	[pwaɲe]
fechadura (f)	serrure (f)	[seryr]
placa (f)	plaque (f) d'immatriculation	[plak dimatrikylasjõ]
silenciador (m)	silencieux (m)	[silãsjø]

tanque (m) de gasolina	réservoir (m) d'essence	[rezɛrvwar desɑ̃s]
tubo (m) de exaustão	pot (m) d'échappement	[po deʃapmɑ̃]
acelerador (m)	accélérateur (m)	[akseleratœr]
pedal (m)	pédale (f)	[pedal]
pedal (m) do acelerador	pédale (f) d'accélérateur	[pedal dakseleratœr]
freio (m)	frein (m)	[frɛ̃]
pedal (m) do freio	pédale (f) de frein	[pedal də frɛ̃]
frear (vt)	freiner (vi)	[frene]
freio (m) de mão	frein (m) à main	[frɛ̃ ɑ mɛ̃]
embreagem (f)	embrayage (m)	[ɑ̃brɛjaʒ]
pedal (m) da embreagem	pédale (f) d'embrayage	[pedal dɑ̃brɛjaʒ]
disco (m) de embreagem	disque (m) d'embrayage	[disk sede]
amortecedor (m)	amortisseur (m)	[amɔrtisœr]
roda (f)	roue (f)	[ru]
pneu (m) estepe	roue (f) de rechange	[ru də rəʃɑ̃ʒ]
pneu (m)	pneu (m)	[pnø]
calota (f)	enjoliveur (m)	[ɑ̃ʒɔlivœr]
rodas (f pl) motrizes	roues (f pl) motrices	[ru mɔtris]
de tração dianteira	à traction avant	[a traksjɔn avɑ̃]
de tração traseira	à traction arrière	[a traksjɔn arjɛr]
de tração às 4 rodas	à traction intégrale	[a traksjɔn ɛ̃tegral]
caixa (f) de mudanças	boîte (f) de vitesses	[bwat də vitɛs]
automático (adj)	automatique (adj)	[ɔtɔmatik]
mecânico (adj)	mécanique (adj)	[mekanik]
alavanca (f) de câmbio	levier (m) de vitesse	[ləvje də vitɛs]
farol (m)	phare (m)	[far]
faróis (m pl)	feux (m pl)	[fø]
farol (m) baixo	feux (m pl) de croisement	[fø də krwazmɑ̃]
farol (m) alto	feux (m pl) de route	[fø də rut]
luzes (f pl) de parada	feux (m pl) stop	[fø stɔp]
luzes (f pl) de posição	feux (m pl) de position	[fø də pozisjɔ̃]
luzes (f pl) de emergência	feux (m pl) de détresse	[fø də detrɛs]
faróis (m pl) de neblina	feux (m pl) de brouillard	[fø də brujar]
pisca-pisca (m)	clignotant (m)	[kliɲɔtɑ̃]
luz (f) de marcha ré	feux (m pl) de recul	[fø də rəkyl]

148. Carros. Habitáculo

interior (do carro)	habitacle (m)	[abitakl]
de couro	en cuir (adj)	[ɑ̃ kɥir]
de veludo	en velours (adj)	[ɑ̃ vəlur]
estofamento (m)	revêtement (m)	[rəvɛtmɑ̃]
indicador (m)	instrument (m)	[ɛ̃strymɑ̃]
painel (m)	tableau (m) de bord	[tablo də bɔr]

| velocímetro (m) | indicateur (m) de vitesse | [ɛ̃dikatœr də vitɛs] |
| ponteiro (m) | aiguille (f) | [eɡɥij] |

hodômetro, odômetro (m)	compteur (m) de kilomètres	[kɔ̃tœr də kilɔmɛtr]
indicador (m)	indicateur (m)	[ɛ̃dikatœr]
nível (m)	niveau (m)	[nivo]
luz (f) de aviso	témoin (m)	[temwɛ̃]

volante (m)	volant (m)	[vɔlɑ̃]
buzina (f)	klaxon (m)	[klaksɔn]
botão (m)	bouton (m)	[butɔ̃]
interruptor (m)	interrupteur (m)	[ɛ̃teryptœr]

assento (m)	siège (m)	[sjɛʒ]
costas (f pl) do assento	dossier (m)	[dosje]
cabeceira (f)	appui-tête (m)	[apɥitɛt]
cinto (m) de segurança	ceinture (f) de sécurité	[sɛ̃tyr də sekyrite]
apertar o cinto	mettre la ceinture	[mɛtr la sɛ̃tyr]
ajuste (m)	réglage (m)	[reglaʒ]

| airbag (m) | airbag (m) | [ɛrbag] |
| ar (m) condicionado | climatiseur (m) | [klimatizœr] |

rádio (m)	radio (f)	[radjo]
leitor (m) de CD	lecteur (m) de CD	[lɛktœr də sede]
ligar (vt)	allumer (vt)	[alyme]
antena (f)	antenne (f)	[ɑ̃tɛn]
porta-luvas (m)	boîte (f) à gants	[bwat a gɑ̃]
cinzeiro (m)	cendrier (m)	[sɑ̃drije]

149. Carros. Motor

motor (m)	moteur (m)	[mɔtœr]
a diesel	diesel (adj)	[djezɛl]
a gasolina	à essence (adj)	[a esɑ̃s]

cilindrada (f)	capacité (f) du moteur	[kapasite dy mɔtœr]
potência (f)	puissance (f)	[pɥisɑ̃s]
cavalo (m) de potência	cheval-vapeur (m)	[ʃəvalvapœr]
pistão (m)	piston (m)	[pistɔ̃]
cilindro (m)	cylindre (m)	[silɛ̃dr]
válvula (f)	soupape (f)	[supap]

injetor (m)	injecteur (m)	[ɛ̃ʒɛktœr]
gerador (m)	générateur (m)	[ʒeneratœr]
carburador (m)	carburateur (m)	[karbyratœr]
óleo (m) de motor	huile (f) moteur	[ɥil mɔtœr]

| radiador (m) | radiateur (m) | [radjatœr] |
| líquido (m) de arrefecimento | liquide (m) de refroidissement | [likid də rəfrwadismɑ̃] |

ventilador (m)	ventilateur (m)	[vɑ̃tilatœr]
bateria (f)	batterie (f)	[batri]
dispositivo (m) de arranque	starter (m)	[stɑ̃dar]

ignição (f)	allumage (m)	[alymaʒ]
vela (f) de ignição	bougie (f) d'allumage	[buʒi dalymaʒ]

terminal (m)	borne (f)	[bɔrn]
terminal (m) positivo	borne (f) positive	[bɔrn pozitiv]
terminal (m) negativo	borne (f) négative	[bɔrn negativ]
fusível (m)	fusible (m)	[fyzibl]

filtro (m) de ar	filtre (m) à air	[filtr ɑ ɛr]
filtro (m) de óleo	filtre (m) à huile	[filtr ɑ ɥil]
filtro (m) de combustível	filtre (m) à essence	[filtr ɑ esɑ̃s]

150. Carros. Batidas. Reparação

acidente (m) de carro	accident (m)	[aksidɑ̃]
acidente (m) rodoviário	accident (m) de route	[aksidɑ̃ də rut]
bater (~ num muro)	percuter contre …	[pɛrkyte kɔ̃tr]
sofrer um acidente	s'écraser (vp)	[sekraze]
dano (m)	dégât (m)	[dega]
intato	intact (adj)	[ɛ̃takt]

pane (f)	panne (f)	[pan]
avariar (vi)	tomber en panne	[tɔ̃be ɑ̃ pan]
cabo (m) de reboque	corde (f) de remorquage	[kɔrd də rəmɔrkaʒ]

furo (m)	crevaison (f)	[krəvɛzɔ̃]
estar furado	crever (vi)	[krəve]
encher (vt)	gonfler (vt)	[gɔ̃fle]
pressão (f)	pression (f)	[prɛsjɔ̃]
verificar (vt)	vérifier (vt)	[verifje]

reparo (m)	réparation (f)	[reparasjɔ̃]
oficina (f) automotiva	garage (m)	[garaʒ]
peça (f) de reposição	pièce (f) détachée	[pjɛs detaʃe]
peça (f)	pièce (f)	[pjɛs]

parafuso (com porca)	boulon (m)	[bulɔ̃]
parafuso (m)	vis (f)	[vis]
porca (f)	écrou (m)	[ekru]
arruela (f)	rondelle (f)	[rɔ̃dɛl]
rolamento (m)	palier (m)	[palje]

tubo (m)	tuyau (m)	[tɥijo]
junta, gaxeta (f)	joint (m)	[ʒwɛ̃]
fio, cabo (m)	fil (m)	[fil]

macaco (m)	cric (m)	[krik]
chave (f) de boca	clé (f) de serrage	[kle də seraʒ]
martelo (m)	marteau (m)	[marto]
bomba (f)	pompe (f)	[pɔ̃p]
chave (f) de fenda	tournevis (m)	[turnəvis]

extintor (m)	extincteur (m)	[ɛkstɛ̃ktœr]
triângulo (m) de emergência	triangle (m) de signalisation	[trijɑ̃gl də siɲalizasjɔ̃]

morrer (motor)	caler (vi)	[kale]
estar quebrado	être en panne	[ɛtr ɑ̃ pan]

superaquecer-se (vr)	surchauffer (vi)	[syrʃofe]
entupir-se (vr)	se boucher (vp)	[sə buʃe]
congelar-se (vr)	geler (vi)	[ʒəle]
rebentar (vi)	éclater (vi) (tuyau, etc.)	[eklate]

pressão (f)	pression (f)	[prɛsjɔ̃]
nível (m)	niveau (m)	[nivo]
frouxo (adj)	lâche (adj)	[laʃ]

batida (f)	fosse (f)	[fos]
ruído (m)	bruit (m)	[brɥi]
fissura (f)	fissure (f)	[fisyr]
arranhão (m)	égratignure (f)	[egratiɲyr]

151. Carros. Estrada

estrada (f)	route (f)	[rut]
autoestrada (f)	grande route (f)	[grɑ̃d rut]
rodovia (f)	autoroute (f)	[otorut]
direção (f)	direction (f)	[dirɛksjɔ̃]
distância (f)	distance (f)	[distɑ̃s]

ponte (f)	pont (m)	[pɔ̃]
parque (m) de estacionamento	parking (m)	[parkiŋ]
praça (f)	place (f)	[plas]
nó (m) rodoviário	échangeur (m)	[eʃɑ̃ʒœr]
túnel (m)	tunnel (m)	[tynɛl]

posto (m) de gasolina	station-service (f)	[stasjɔ̃sɛrvis]
parque (m) de estacionamento	parking (m)	[parkiŋ]
bomba (f) de gasolina	poste (m) d'essence	[pɔst desɑ̃s]
oficina (f) automotiva	garage (m)	[garaʒ]
abastecer (vt)	se ravitailler (vp)	[sə ravitaje]
combustível (m)	carburant (m)	[karbyrɑ̃]
galão (m) de gasolina	jerrycan (m)	[ʒerikan]

asfalto (m)	asphalte (m)	[asfalt]
marcação (f) de estradas	marquage (m)	[markaʒ]
meio-fio (m)	bordure (f)	[bordyr]
guard-rail (m)	barrière (f) de sécurité	[barjɛr də sekyrite]
valeta (f)	fossé (m)	[fose]
acostamento (m)	bas-côté (m)	[bakote]
poste (m) de luz	réverbère (m)	[revɛrbɛr]

dirigir (vt)	conduire (vt)	[kɔ̃dɥir]
virar (~ para a direita)	tourner (vi)	[turne]
dar retorno	faire un demi-tour	[fɛr œ̃ dəmitur]
ré (f)	marche (f) arrière	[marʃ arjɛr]

buzinar (vi)	klaxonner (vi)	[klaksɔne]
buzina (f)	coup (m) de klaxon	[ku də klaksɔn]

atolar-se (vr)	s'embourber (vp)	[sãburbe]
patinar (na lama)	déraper (vi)	[derape]
desligar (vt)	couper (vt)	[kupe]

velocidade (f)	vitesse (f)	[vitɛs]
exceder a velocidade	dépasser la vitesse	[depase la vitɛs]
multar (vt)	mettre une amende à qn	[mɛtr yn amãd]
semáforo (m)	feux (m pl) de circulation	[fø də sirkylasjɔ̃]
carteira (f) de motorista	permis (m) de conduire	[pɛrmi də kɔ̃dɥir]

passagem (f) de nível	passage (m) à niveau	[pɑsaʒ a nivo]
cruzamento (m)	carrefour (m)	[karfur]
faixa (f)	passage (m) piéton	[pɑsaʒ pjetɔ̃]
curva (f)	virage (m)	[viraʒ]
zona (f) de pedestres	zone (f) piétonne	[zon pjetɔn]

PESSOAS. EVENTOS

Eventos

152. Férias. Evento

festa (f)	fête (f)	[fɛt]
feriado (m) nacional	fête (f) nationale	[fɛt nasjɔnal]
feriado (m)	jour (m) férié	[ʒur ferje]
festejar (vt)	célébrer (vt)	[selebre]
evento (festa, etc.)	événement (m)	[evɛnmɑ̃]
evento (banquete, etc.)	événement (m)	[evɛnmɑ̃]
banquete (m)	banquet (m)	[bɑ̃kɛ]
recepção (f)	réception (f)	[resɛpsjɔ̃]
festim (m)	festin (m)	[fɛstɛ̃]
aniversário (m)	anniversaire (m)	[anivɛrsɛr]
jubileu (m)	jubilé (m)	[ʒybile]
celebrar (vt)	fêter, célébrer	[fete], [selebre]
Ano (m) Novo	Nouvel An (m)	[nuvɛl ɑ̃]
Feliz Ano Novo!	Bonne année!	[bɔn ane]
Papai Noel (m)	Père Noël (m)	[pɛr nɔɛl]
Natal (m)	Noël (m)	[nɔɛl]
Feliz Natal!	Joyeux Noël!	[ʒwajø nɔɛl]
árvore (f) de Natal	arbre (m) de Noël	[arbr də noɛl]
fogos (m pl) de artifício	feux (m pl) d'artifice	[fø dartifis]
casamento (m)	mariage (m)	[marjaʒ]
noivo (m)	fiancé (m)	[fijɑ̃se]
noiva (f)	fiancée (f)	[fijɑ̃se]
convidar (vt)	inviter (vt)	[ɛ̃vite]
convite (m)	lettre (f) d'invitation	[lɛtr dɛ̃vitasjɔ̃]
convidado (m)	invité (m)	[ɛ̃vite]
visitar (vt)	visiter (vt)	[vizite]
receber os convidados	accueillir les invités	[akœjir lezɛ̃vite]
presente (m)	cadeau (m)	[kado]
oferecer, dar (vt)	offrir (vt)	[ɔfrir]
receber presentes	recevoir des cadeaux	[rəsəvwar de kado]
buquê (m) de flores	bouquet (m)	[bukɛ]
felicitações (f pl)	félicitations (f pl)	[felisitasjɔ̃]
felicitar (vt)	féliciter (vt)	[felisite]
cartão (m) de parabéns	carte (f) de veux	[kart də vœ]

| enviar um cartão postal | envoyer une carte | [ãvwaje yn kart] |
| receber um cartão postal | recevoir une carte | [rəsəvwar yn kart] |

brinde (m)	toast (m)	[tost]
oferecer (vt)	offrir (vt)	[ɔfrir]
champanhe (m)	champagne (m)	[ʃãpaɲ]

divertir-se (vr)	s'amuser (vp)	[samyze]
diversão (f)	gaieté (f)	[gete]
alegria (f)	joie (f)	[ʒwa]

| dança (f) | danse (f) | [dãs] |
| dançar (vi) | danser (vi, vt) | [dãse] |

| valsa (f) | valse (f) | [vals] |
| tango (m) | tango (m) | [tãgo] |

153. Funerais. Enterro

cemitério (m)	cimetière (m)	[simãtje]
sepultura (f), túmulo (m)	tombe (f)	[tõb]
cruz (f)	croix (f)	[krwa]
lápide (f)	pierre (f) tombale	[pjɛr tõbal]
cerca (f)	clôture (f)	[klotyr]
capela (f)	chapelle (f)	[ʃapɛl]

morte (f)	mort (f)	[mɔr]
morrer (vi)	mourir (vi)	[murir]
defunto (m)	défunt (m)	[defœ̃]
luto (m)	deuil (m)	[dœj]

enterrar, sepultar (vt)	enterrer (vt)	[ãtere]
funerária (f)	maison (f) funéraire	[mɛzõ fynerɛr]
funeral (m)	enterrement (m)	[ãtɛrmã]

coroa (f) de flores	couronne (f)	[kurɔn]
caixão (m)	cercueil (m)	[sɛrkœj]
carro (m) funerário	corbillard (m)	[kɔrbijar]
mortalha (f)	linceul (m)	[lɛ̃sœl]

procissão (f) funerária	cortège (m) funèbre	[kɔrtɛʒ fynɛbr]
urna (f) funerária	urne (f) funéraire	[yrn fynerɛr]
crematório (m)	crématoire (m)	[krematwar]

obituário (m), necrologia (f)	nécrologue (m)	[nekrɔlɔg]
chorar (vi)	pleurer (vi)	[plœre]
soluçar (vi)	sangloter (vi)	[sãglɔte]

154. Guerra. Soldados

| pelotão (m) | section (f) | [sɛksjõ] |
| companhia (f) | compagnie (f) | [kõpaɲi] |

regimento (m)	**régiment** (m)	[reʒimɑ̃]
exército (m)	**armée** (f)	[arme]
divisão (f)	**division** (f)	[divizjɔ̃]
esquadrão (m)	**détachement** (m)	[detaʃmɑ̃]
hoste (f)	**armée** (f)	[arme]
soldado (m)	**soldat** (m)	[sɔlda]
oficial (m)	**officier** (m)	[ɔfisje]
soldado (m) raso	**soldat** (m)	[sɔlda]
sargento (m)	**sergent** (m)	[sɛrʒɑ̃]
tenente (m)	**lieutenant** (m)	[ljøtnɑ̃]
capitão (m)	**capitaine** (m)	[kapitɛn]
major (m)	**commandant** (m)	[kɔmɑ̃dɑ̃]
coronel (m)	**colonel** (m)	[kɔlɔnɛl]
general (m)	**général** (m)	[ʒeneral]
marujo (m)	**marin** (m)	[marɛ̃]
capitão (m)	**capitaine** (m)	[kapitɛn]
contramestre (m)	**maître** (m) **d'équipage**	[mɛtr dekipaʒ]
artilheiro (m)	**artilleur** (m)	[artijœr]
soldado (m) paraquedista	**parachutiste** (m)	[paraʃytist]
piloto (m)	**pilote** (m)	[pilɔt]
navegador (m)	**navigateur** (m)	[navigatœr]
mecânico (m)	**mécanicien** (m)	[mekanisjɛ̃]
sapador-mineiro (m)	**démineur** (m)	[deminœr]
paraquedista (m)	**parachutiste** (m)	[paraʃytist]
explorador (m)	**éclaireur** (m)	[eklɛrœr]
atirador (m) de tocaia	**tireur** (m) **d'élite**	[tirœr delit]
patrulha (f)	**patrouille** (f)	[patruj]
patrulhar (vt)	**patrouiller** (vi)	[patruje]
sentinela (f)	**sentinelle** (f)	[sɑ̃tinɛl]
guerreiro (m)	**guerrier** (m)	[gɛrje]
patriota (m)	**patriote** (m)	[patrijɔt]
herói (m)	**héros** (m)	[ero]
heroína (f)	**héroïne** (f)	[erɔin]
traidor (m)	**traître** (m)	[trɛtr]
trair (vt)	**trahir** (vt)	[trair]
desertor (m)	**déserteur** (m)	[dezɛrtœr]
desertar (vt)	**déserter** (vt)	[dezɛrte]
mercenário (m)	**mercenaire** (m)	[mɛrsənɛr]
recruta (m)	**recrue** (f)	[rəkry]
voluntário (m)	**volontaire** (m)	[vɔlɔ̃tɛr]
morto (m)	**mort** (m)	[mɔr]
ferido (m)	**blessé** (m)	[blese]
prisioneiro (m) de guerra	**prisonnier** (m) **de guerre**	[prizɔnje də gɛr]

155. Guerra. Ações militares. Parte 1

guerra (f)	guerre (f)	[gɛr]
guerrear (vt)	faire la guerre	[fɛr la gɛr]
guerra (f) civil	guerre (f) civile	[gɛr sivil]
perfidamente	perfidement (adv)	[pɛrfidmã]
declaração (f) de guerra	déclaration (f) de guerre	[deklarasjõ də gɛr]
declarar guerra	déclarer (vt)	[deklare]
agressão (f)	agression (f)	[agrɛsjõ]
atacar (vt)	attaquer (vt)	[atake]
invadir (vt)	envahir (vt)	[ãvair]
invasor (m)	envahisseur (m)	[ãvaisœr]
conquistador (m)	conquérant (m)	[kõkerã]
defesa (f)	défense (f)	[defãs]
defender (vt)	défendre (vt)	[defãdr]
defender-se (vr)	se défendre (vp)	[sə defãdr]
inimigo (m)	ennemi (m)	[ɛnmi]
adversário (m)	adversaire (m)	[advɛrsɛr]
inimigo (adj)	ennemi (adj)	[ɛnmi]
estratégia (f)	stratégie (f)	[strateʒi]
tática (f)	tactique (f)	[taktik]
ordem (f)	ordre (m)	[ɔrdr]
comando (m)	commande (f)	[kɔmãd]
ordenar (vt)	ordonner (vt)	[ɔrdɔne]
missão (f)	mission (f)	[misjõ]
secreto (adj)	secret (adj)	[səkrɛ]
batalha (f)	bataille (f)	[bataj]
combate (m)	combat (m)	[kõba]
ataque (m)	attaque (f)	[atak]
assalto (m)	assaut (m)	[aso]
assaltar (vt)	prendre d'assaut	[prãdr daso]
assédio, sítio (m)	siège (m)	[sjɛʒ]
ofensiva (f)	offensive (f)	[ɔfãsiv]
tomar à ofensiva	passer à l'offensive	[pɑse a lɔfãsiv]
retirada (f)	retraite (f)	[rətrɛt]
retirar-se (vr)	faire retraite	[fɛr rətrɛt]
cerco (m)	encerclement (m)	[ãsɛrkləmã]
cercar (vt)	encercler (vt)	[ãsɛrkle]
bombardeio (m)	bombardement (m)	[bõbardəmã]
lançar uma bomba	lancer une bombe	[lãse yn bõb]
bombardear (vt)	bombarder (vt)	[bõbarde]
explosão (f)	explosion (f)	[ɛksplozjõ]
tiro (m)	coup (m) de feu	[ku də fø]

dar um tiro	tirer un coup de feu	[tire œ̃ ku də fø]
tiroteio (m)	fusillade (f)	[fyzijad]
apontar para ...	viser (vt)	[vize]
apontar (vt)	pointer (sur ...)	[pwɛ̃te syr]
acertar (vt)	atteindre (vt)	[atɛ̃dr]
afundar (~ um navio, etc.)	faire sombrer	[fɛr sɔ̃bre]
brecha (f)	trou (m)	[tru]
afundar-se (vr)	sombrer (vi)	[sɔ̃bre]
frente (m)	front (m)	[frɔ̃]
evacuação (f)	évacuation (f)	[evakɥasjɔ̃]
evacuar (vt)	évacuer (vt)	[evakɥe]
trincheira (f)	tranchée (f)	[trɑ̃ʃe]
arame (m) enfarpado	barbelés (m pl)	[barbəle]
barreira (f) anti-tanque	barrage (m)	[baraʒ]
torre (f) de vigia	tour (f) de guet	[tur də gɛ]
hospital (m) militar	hôpital (m)	[ɔpital]
ferir (vt)	blesser (vt)	[blese]
ferida (f)	blessure (f)	[blesyr]
ferido (m)	blessé (m)	[blese]
ficar ferido	être blessé	[ɛtr blese]
grave (ferida ~)	grave (adj)	[grav]

156. Armas

arma (f)	arme (f)	[arm]
arma (f) de fogo	armes (f pl) à feu	[arm a fø]
arma (f) branca	armes (f pl) blanches	[arm blɑ̃ʃ]
arma (f) química	arme (f) chimique	[arm ʃimik]
nuclear (adj)	nucléaire (adj)	[nykleɛr]
arma (f) nuclear	arme (f) nucléaire	[arm nykleɛr]
bomba (f)	bombe (f)	[bɔ̃b]
bomba (f) atômica	bombe (f) atomique	[bɔ̃b atɔmik]
pistola (f)	pistolet (m)	[pistɔlɛ]
rifle (m)	fusil (m)	[fyzi]
semi-automática (f)	mitraillette (f)	[mitrɑjɛt]
metralhadora (f)	mitrailleuse (f)	[mitrɑjøz]
boca (f)	bouche (f)	[buʃ]
cano (m)	canon (m)	[kanɔ̃]
calibre (m)	calibre (m)	[kalibr]
gatilho (m)	gâchette (f)	[gaʃɛt]
mira (f)	mire (f)	[mir]
carregador (m)	magasin (m)	[magazɛ̃]
coronha (f)	crosse (f)	[krɔs]
granada (f) de mão	grenade (f)	[grənad]

explosivo (m)	explosif (m)	[ɛksplozif]
bala (f)	balle (f)	[bal]
cartucho (m)	cartouche (f)	[kartuʃ]
carga (f)	charge (f)	[ʃarʒ]
munições (f pl)	munitions (f pl)	[mynisjõ]

bombardeiro (m)	bombardier (m)	[bõbardje]
avião (m) de caça	avion (m) de chasse	[avjõ də ʃas]
helicóptero (m)	hélicoptère (m)	[elikɔptɛr]

canhão (m) antiaéreo	pièce (f) de D.C.A.	[pjɛs də deseɑ]
tanque (m)	char (m)	[ʃar]
canhão (de um tanque)	canon (m)	[kanõ]

artilharia (f)	artillerie (f)	[artijri]
canhão (m)	canon (m)	[kanõ]
fazer a pontaria	pointer sur ...	[pwɛ̃te syr]

projétil (m)	obus (m)	[ɔby]
granada (f) de morteiro	obus (m) de mortier	[ɔby də mɔrtje]
morteiro (m)	mortier (m)	[mɔrtje]
estilhaço (m)	éclat (m) d'obus	[ekla dɔby]

submarino (m)	sous-marin (m)	[sumarɛ̃]
torpedo (m)	torpille (f)	[tɔrpij]
míssil (m)	missile (m)	[misil]

carregar (uma arma)	charger (vt)	[ʃarʒe]
disparar, atirar (vi)	tirer (vi)	[tire]
apontar para ...	viser (vt)	[vize]
baioneta (f)	baïonnette (f)	[bajɔnɛt]

espada (f)	épée (f)	[epe]
sabre (m)	sabre (m)	[sabr]
lança (f)	lance (f)	[lɑ̃s]
arco (m)	arc (m)	[ark]
flecha (f)	flèche (f)	[flɛʃ]
mosquete (m)	mousquet (m)	[muskɛ]
besta (f)	arbalète (f)	[arbalɛt]

157. Povos da antiguidade

primitivo (adj)	primitif (adj)	[primitif]
pré-histórico (adj)	préhistorique (adj)	[preistɔrik]
antigo (adj)	ancien (adj)	[ɑ̃sjɛ̃]

Idade (f) da Pedra	Âge (m) de Pierre	[ɑʒ də pjɛr]
Idade (f) do Bronze	Âge (m) de Bronze	[ɑʒ də brõz]
Era (f) do Gelo	période (f) glaciaire	[perjɔd glasjɛr]

tribo (f)	tribu (f)	[triby]
canibal (m)	cannibale (m)	[kanibal]
caçador (m)	chasseur (m)	[ʃasœr]
caçar (vi)	chasser (vi, vt)	[ʃase]

mamute (m)	mammouth (m)	[mamut]
caverna (f)	caverne (f)	[kavɛrn]
fogo (m)	feu (m)	[fø]
fogueira (f)	feu (m) de bois	[fø də bwa]
pintura (f) rupestre	dessin (m) rupestre	[desɛ̃ rypɛstr]

ferramenta (f)	outil (m)	[uti]
lança (f)	lance (f)	[lɑ̃s]
machado (m) de pedra	hache (f) en pierre	[aʃã pjɛr]
guerrear (vt)	faire la guerre	[fɛr la gɛr]
domesticar (vt)	domestiquer (vt)	[dɔmɛstike]

ídolo (m)	idole (f)	[idɔl]
adorar, venerar (vt)	adorer, vénérer (vt)	[adɔre], [venere]
superstição (f)	superstition (f)	[sypɛrstisjɔ̃]
ritual (m)	rite (m)	[rit]

evolução (f)	évolution (f)	[evɔlysjɔ̃]
desenvolvimento (m)	développement (m)	[devlɔpmã]
extinção (f)	disparition (f)	[disparisjɔ̃]
adaptar-se (vr)	s'adapter (vp)	[sadapte]

arqueologia (f)	archéologie (f)	[arkeɔlɔʒi]
arqueólogo (m)	archéologue (m)	[arkeɔlɔg]
arqueológico (adj)	archéologique (adj)	[arkeɔlɔʒik]

escavação (sítio)	site (m) d'excavation	[sit dɛkskavasjɔ̃]
escavações (f pl)	fouilles (f pl)	[fuj]
achado (m)	trouvaille (f)	[truvaj]
fragmento (m)	fragment (m)	[fragmã]

158. Idade média

povo (m)	peuple (m)	[pœpl]
povos (m pl)	peuples (m pl)	[pœpl]
tribo (f)	tribu (f)	[triby]
tribos (f pl)	tribus (f pl)	[triby]

bárbaros (pl)	Barbares (m pl)	[barbar]
galeses (pl)	Gaulois (m pl)	[golwa]
godos (pl)	Goths (m pl)	[go]
eslavos (pl)	Slaves (m pl)	[slav]
viquingues (pl)	Vikings (m pl)	[vikiŋ]

| romanos (pl) | Romains (m pl) | [rɔmɛ̃] |
| romano (adj) | romain (adj) | [rɔmɛ̃] |

bizantinos (pl)	byzantins (m pl)	[bizɑ̃tɛ̃]
Bizâncio	Byzance (f)	[bizɑ̃s]
bizantino (adj)	byzantin (adj)	[bizɑ̃tɛ̃]

imperador (m)	empereur (m)	[ɑ̃prœr]
líder (m)	chef (m)	[ʃɛf]
poderoso (adj)	puissant (adj)	[pɥisɑ̃]

rei (m)	roi (m)	[rwa]
governante (m)	gouverneur (m)	[guvɛrnœr]
cavaleiro (m)	chevalier (m)	[ʃəvalje]
senhor feudal (m)	féodal (m)	[feɔdal]
feudal (adj)	féodal (adj)	[feɔdal]
vassalo (m)	vassal (m)	[vasal]
duque (m)	duc (m)	[dyk]
conde (m)	comte (m)	[kɔ̃t]
barão (m)	baron (m)	[barɔ̃]
bispo (m)	évêque (m)	[evɛk]
armadura (f)	armure (f)	[armyr]
escudo (m)	bouclier (m)	[buklije]
espada (f)	épée (f), glaive (m)	[epe], [glɛv]
viseira (f)	visière (f)	[vizjɛr]
cota (f) de malha	cotte (f) de mailles	[kɔt də maj]
cruzada (f)	croisade (f)	[krwazad]
cruzado (m)	croisé (m)	[krwaze]
território (m)	territoire (m)	[tɛritwar]
atacar (vt)	attaquer (vt)	[atake]
conquistar (vt)	conquérir (vt)	[kɔ̃kerir]
ocupar, invadir (vt)	occuper (vt)	[ɔkype]
assédio, sítio (m)	siège (m)	[sjɛʒ]
sitiado (adj)	assiégé (adj)	[asjeʒe]
assediar, sitiar (vt)	assiéger (vt)	[asjeʒe]
inquisição (f)	inquisition (f)	[ɛ̃kizisjɔ̃]
inquisidor (m)	inquisiteur (m)	[ɛ̃kizitœr]
tortura (f)	torture (f)	[tɔrtyr]
cruel (adj)	cruel (adj)	[kryɛl]
herege (m)	hérétique (m)	[eretik]
heresia (f)	hérésie (f)	[erezi]
navegação (f) marítima	navigation (f) en mer	[navigasjɔn ã mɛr]
pirata (m)	pirate (m)	[pirat]
pirataria (f)	piraterie (f)	[piratri]
abordagem (f)	abordage (m)	[abɔrdaʒ]
presa (f), butim (m)	butin (m)	[bytɛ̃]
tesouros (m pl)	trésor (m)	[trezɔr]
descobrimento (m)	découverte (f)	[dekuvɛrt]
descobrir (novas terras)	découvrir (vt)	[dekuvrir]
expedição (f)	expédition (f)	[ɛkspedisjɔ̃]
mosqueteiro (m)	mousquetaire (m)	[muskətɛr]
cardeal (m)	cardinal (m)	[kardinal]
heráldica (f)	héraldique (f)	[eraldik]
heráldico (adj)	héraldique (adj)	[eraldik]

159. Líder. Chefe. Autoridades

rei (m)	roi (m)	[ʀwa]
rainha (f)	reine (f)	[ʀɛn]
real (adj)	royal (adj)	[ʀwajal]
reino (m)	royaume (m)	[ʀwajom]
príncipe (m)	prince (m)	[prɛ̃s]
princesa (f)	princesse (f)	[prɛ̃sɛs]
presidente (m)	président (m)	[prezidɑ̃]
vice-presidente (m)	vice-président (m)	[visprezidɑ̃]
senador (m)	sénateur (m)	[senatœr]
monarca (m)	monarque (m)	[mɔnark]
governante (m)	gouverneur (m)	[guvɛrnœr]
ditador (m)	dictateur (m)	[diktatœr]
tirano (m)	tyran (m)	[tirɑ̃]
magnata (m)	magnat (m)	[maɲa]
diretor (m)	directeur (m)	[dirɛktœr]
chefe (m)	chef (m)	[ʃɛf]
gerente (m)	gérant (m)	[ʒerɑ̃]
patrão (m)	boss (m)	[bɔs]
dono (m)	patron (m)	[patrɔ̃]
líder (m)	leader (m)	[lidœr]
chefe (m)	chef (m)	[ʃɛf]
autoridades (f pl)	autorités (f pl)	[ɔtorite]
superiores (m pl)	supérieurs (m pl)	[syperjœr]
governador (m)	gouverneur (m)	[guvɛrnœr]
cônsul (m)	consul (m)	[kɔ̃syl]
diplomata (m)	diplomate (m)	[diplɔmat]
Presidente (m) da Câmara	maire (m)	[mɛr]
xerife (m)	shérif (m)	[ʃerif]
imperador (m)	empereur (m)	[ɑ̃prœr]
czar (m)	tsar (m)	[tsar]
faraó (m)	pharaon (m)	[faraɔ̃]
cã, khan (m)	khan (m)	[kɑ̃]

160. Violação da lei. Criminosos. Parte 1

bandido (m)	bandit (m)	[bɑ̃di]
crime (m)	crime (m)	[krim]
criminoso (m)	criminel (m)	[kriminɛl]
ladrão (m)	voleur (m)	[vɔlœr]
roubar (vt)	voler (vt)	[vɔle]
furto, roubo (m)	vol (m)	[vɔl]
raptar, sequestrar (vt)	kidnapper (vt)	[kidnape]
sequestro (m)	kidnapping (m)	[kidnapiŋ]

sequestrador (m)	kidnappeur (m)	[kidnapœr]
resgate (m)	rançon (f)	[rɑ̃sɔ̃]
pedir resgate	exiger une rançon	[ɛgziʒe yn rɑ̃sɔ̃]

roubar (vt)	cambrioler (vt)	[kɑ̃brijɔle]
assalto, roubo (m)	cambriolage (m)	[kɑ̃brijɔlaʒ]
assaltante (m)	cambrioleur (m)	[kɑ̃brijɔlœr]

extorquir (vt)	extorquer (vt)	[ɛkstɔrke]
extorsionário (m)	extorqueur (m)	[ɛkstɔrkœr]
extorsão (f)	extorsion (f)	[ɛkstɔrsjɔ̃]

matar, assassinar (vt)	tuer (vt)	[tɥe]
homicídio (m)	meurtre (m)	[mœrtr]
homicida, assassino (m)	meurtrier (m)	[mœrtrije]

tiro (m)	coup (m) de feu	[ku də fø]
dar um tiro	tirer un coup de feu	[tire œ̃ ku də fø]
matar a tiro	abattre (vt)	[abatr]
disparar, atirar (vi)	tirer (vi)	[tire]
tiroteio (m)	coups (m pl) de feu	[ku də fø]
incidente (m)	incident (m)	[ɛ̃sidɑ̃]
briga (~ de rua)	bagarre (f)	[bagar]
Socorro!	Au secours!	[osəkur]
vítima (f)	victime (f)	[viktim]

danificar (vt)	endommager (vt)	[ɑ̃dɔmaʒe]
dano (m)	dommage (m)	[dɔmaʒ]
cadáver (m)	cadavre (m)	[kadavr]
grave (adj)	grave (adj)	[grav]

atacar (vt)	attaquer (vt)	[atake]
bater (espancar)	battre (vt)	[batr]
espancar (vt)	passer à tabac	[pɑse a taba]
tirar, roubar (dinheiro)	prendre (vt)	[prɑ̃dr]
esfaquear (vt)	poignarder (vt)	[pwaɲarde]
mutilar (vt)	mutiler (vt)	[mytile]
ferir (vt)	blesser (vt)	[blese]

chantagem (f)	chantage (m)	[ʃɑ̃taʒ]
chantagear (vt)	faire chanter	[fɛr ʃɑ̃te]
chantagista (m)	maître (m) chanteur	[mɛtr ʃɑ̃tœr]

extorsão (f)	racket (m) de protection	[rakɛt də prɔtɛksjɔ̃]
extorsionário (m)	racketteur (m)	[rakɛtœr]
gângster (m)	gangster (m)	[gɑ̃gstɛr]
máfia (f)	mafia (f)	[mafja]

punguista (m)	pickpocket (m)	[pikpɔkɛt]
assaltante, ladrão (m)	cambrioleur (m)	[kɑ̃brijɔlœr]
contrabando (m)	contrebande (f)	[kɔ̃trəbɑ̃d]
contrabandista (m)	contrebandier (m)	[kɔ̃trəbɑ̃dje]

falsificação (f)	contrefaçon (f)	[kɔ̃trəfasɔ̃]
falsificar (vt)	falsifier (vt)	[falsifje]
falsificado (adj)	faux (adj)	[fo]

161. Violação da lei. Criminosos. Parte 2

estupro (m)	viol (m)	[vjɔl]
estuprar (vt)	violer (vt)	[vjɔle]
estuprador (m)	violeur (m)	[vjɔlœr]
maníaco (m)	maniaque (m)	[manjak]
prostituta (f)	prostituée (f)	[prɔstitɥe]
prostituição (f)	prostitution (f)	[prɔstitysjɔ̃]
cafetão (m)	souteneur (m)	[sutnœr]
drogado (m)	drogué (m)	[drɔge]
traficante (m)	trafiquant (m) de drogue	[trafikɑ̃ də drɔg]
explodir (vt)	faire exploser	[fɛr ɛksploze]
explosão (f)	explosion (f)	[ɛksplozjɔ̃]
incendiar (vt)	mettre feu	[mɛtr fø]
incendiário (m)	incendiaire (m)	[ɛ̃sɑ̃djɛr]
terrorismo (m)	terrorisme (m)	[tɛrɔrism]
terrorista (m)	terroriste (m)	[tɛrɔrist]
refém (m)	otage (m)	[ɔtaʒ]
enganar (vt)	escroquer (vt)	[ɛskrɔke]
engano (m)	escroquerie (f)	[ɛskrɔkri]
vigarista (m)	escroc (m)	[ɛskro]
subornar (vt)	soudoyer (vt)	[sudwaje]
suborno (atividade)	corruption (f)	[kɔrypsjɔ̃]
suborno (dinheiro)	pot-de-vin (m)	[podvɛ̃]
veneno (m)	poison (m)	[pwazɔ̃]
envenenar (vt)	empoisonner (vt)	[ɑ̃pwazɔne]
envenenar-se (vr)	s'empoisonner (vp)	[sɑ̃pwazɔne]
suicídio (m)	suicide (m)	[sɥisid]
suicida (m)	suicidé (m)	[sɥiside]
ameaçar (vt)	menacer (vt)	[mənase]
ameaça (f)	menace (f)	[mənas]
atentar contra a vida de ...	attenter (vt)	[atɑ̃te]
atentado (m)	attentat (m)	[atɑ̃ta]
roubar (um carro)	voler (vt)	[vɔle]
sequestrar (um avião)	détourner (vt)	[deturne]
vingança (f)	vengeance (f)	[vɑ̃ʒɑ̃s]
vingar (vt)	se venger (vp)	[sə vɑ̃ʒe]
torturar (vt)	torturer (vt)	[tɔrtyre]
tortura (f)	torture (f)	[tɔrtyr]
atormentar (vt)	tourmenter (vt)	[turmɑ̃te]
pirata (m)	pirate (m)	[pirat]
desordeiro (m)	voyou (m)	[vwaju]

armado (adj)	armé (adj)	[arme]
violência (f)	violence (f)	[vjɔlɑ̃s]
ilegal (adj)	illégal (adj)	[ilegal]

| espionagem (f) | espionnage (m) | [ɛspjɔnaʒ] |
| espionar (vi) | espionner (vt) | [ɛspjɔne] |

162. Polícia. Lei. Parte 1

| justiça (sistema de ~) | justice (f) | [ʒystis] |
| tribunal (m) | tribunal (m) | [tribynal] |

juiz (m)	juge (m)	[ʒyʒ]
jurados (m pl)	jury (m)	[ʒyri]
tribunal (m) do júri	cour (f) d'assises	[kur dasiz]
julgar (vt)	juger (vt)	[ʒyʒe]

advogado (m)	avocat (m)	[avɔka]
réu (m)	accusé (m)	[akyze]
banco (m) dos réus	banc (m) des accusés	[bɑ̃ dezakyze]

| acusação (f) | inculpation (f) | [ɛ̃kylpasjɔ̃] |
| acusado (m) | inculpé (m) | [ɛ̃kylpe] |

| sentença (f) | condamnation (f) | [kɔ̃danasjɔ̃] |
| sentenciar (vt) | condamner (vt) | [kɔ̃dane] |

culpado (m)	coupable (m)	[kupabl]
punir (vt)	punir (vt)	[pynir]
punição (f)	punition (f)	[pynisjɔ̃]

multa (f)	amende (f)	[amɑ̃d]
prisão (f) perpétua	détention (f) à vie	[detɑ̃sjɔ̃ ɑ vi]
pena (f) de morte	peine (f) de mort	[pɛn də mɔr]
cadeira (f) elétrica	chaise (f) électrique	[ʃɛz elɛktrik]
forca (f)	potence (f)	[pɔtɑ̃s]

| executar (vt) | exécuter (vt) | [ɛgzekyte] |
| execução (f) | exécution (f) | [ɛgzekysjɔ̃] |

| prisão (f) | prison (f) | [prizɔ̃] |
| cela (f) de prisão | cellule (f) | [selyl] |

escolta (f)	escorte (f)	[ɛskɔrt]
guarda (m) prisional	gardien (m) de prison	[gardjɛ̃ də prizɔ̃]
preso, prisioneiro (m)	prisonnier (m)	[prizɔnje]

| algemas (f pl) | menottes (f pl) | [mənɔt] |
| algemar (vt) | mettre les menottes | [mɛtr le mənɔt] |

fuga, evasão (f)	évasion (f)	[evazjɔ̃]
fugir (vi)	s'évader (vp)	[sevade]
desaparecer (vi)	disparaître (vi)	[disparɛtr]
soltar, libertar (vt)	libérer (vt)	[libere]

anistia (f)	amnistie (f)	[amnisti]
polícia (instituição)	police (f)	[pɔlis]
polícia (m)	policier (m)	[pɔlisje]
delegacia (f) de polícia	commissariat (m) de police	[kɔmisarja də pɔlis]
cassetete (m)	matraque (f)	[matrak]
megafone (m)	haut parleur (m)	[o parlœr]

carro (m) de patrulha	voiture (f) de patrouille	[vwatyr də patruj]
sirene (f)	sirène (f)	[sirɛn]
ligar a sirene	enclencher la sirène	[ãklãʃe la sirɛn]
toque (m) da sirene	hurlement (m) de la sirène	[yrləmã dəla sirɛn]

cena (f) do crime	lieu (m) du crime	[ljø dy krim]
testemunha (f)	témoin (m)	[temwɛ̃]
liberdade (f)	liberté (f)	[libɛrte]
cúmplice (m)	complice (m)	[kõplis]
escapar (vi)	s'enfuir (vp)	[sãfɥir]
traço (não deixar ~s)	trace (f)	[tras]

163. Polícia. Lei. Parte 2

procura (f)	recherche (f)	[rəʃɛrʃ]
procurar (vt)	rechercher (vt)	[rəʃɛrʃe]
suspeita (f)	suspicion (f)	[syspisjõ]
suspeito (adj)	suspect (adj)	[syspɛ]
parar (veículo, etc.)	arrêter (vt)	[arete]
deter (fazer parar)	détenir (vt)	[detnir]

caso (~ criminal)	affaire (f)	[afɛr]
investigação (f)	enquête (f)	[ãkɛt]
detetive (m)	détective (m)	[detɛktiv]
investigador (m)	enquêteur (m)	[ãkɛtœr]
versão (f)	hypothèse (f)	[ipɔtɛz]

motivo (m)	motif (m)	[mɔtif]
interrogatório (m)	interrogatoire (m)	[ɛ̃terɔgatwar]
interrogar (vt)	interroger (vt)	[ɛ̃terɔʒe]
questionar (vt)	interroger (vt)	[ɛ̃terɔʒe]
verificação (f)	inspection (f)	[ɛ̃spɛksjõ]

batida (f) policial	rafle (f)	[rafl]
busca (f)	perquisition (f)	[pɛrkizisjõ]
perseguição (f)	poursuite (f)	[pursɥit]
perseguir (vt)	poursuivre (vt)	[pursɥivr]
seguir, rastrear (vt)	dépister (vt)	[depiste]

prisão (f)	arrestation (f)	[arɛstasjõ]
prender (vt)	arrêter (vt)	[arete]
pegar, capturar (vt)	attraper (vt)	[atrape]
captura (f)	capture (f)	[kaptyr]

documento (m)	document (m)	[dɔkymã]
prova (f)	preuve (f)	[prœv]
provar (vt)	prouver (vt)	[pruve]

pegada (f)	empreinte (f) de pied	[ɑ̃prɛ̃t də pje]
impressões (f pl) digitais	empreintes (f pl) digitales	[ɑ̃prɛ̃t diʒital]
prova (f)	élément (m) de preuve	[elemɑ̃ də prœv]

álibi (m)	alibi (m)	[alibi]
inocente (adj)	innocent (adj)	[inɔsɑ̃]
injustiça (f)	injustice (f)	[ɛ̃ʒystis]
injusto (adj)	injuste (adj)	[ɛ̃ʒyst]

criminal (adj)	criminel (adj)	[kriminɛl]
confiscar (vt)	confisquer (vt)	[kɔ̃fiske]
droga (f)	drogue (f)	[drɔg]
arma (f)	arme (f)	[arm]
desarmar (vt)	désarmer (vt)	[dezarme]
ordenar (vt)	ordonner (vt)	[ɔrdɔne]
desaparecer (vi)	disparaître (vi)	[disparɛtr]

lei (f)	loi (f)	[lwa]
legal (adj)	légal (adj)	[legal]
ilegal (adj)	illégal (adj)	[ilegal]

| responsabilidade (f) | responsabilité (f) | [rɛspɔ̃sabilite] |
| responsável (adj) | responsable (adj) | [rɛspɔ̃sabl] |

NATUREZA

A Terra. Parte 1

164. Espaço sideral

espaço, cosmo (m)	cosmos (m)	[kɔsmos]
espacial, cósmico (adj)	cosmique (adj)	[kɔsmik]
espaço (m) cósmico	espace (m) cosmique	[ɛspas kɔsmik]
mundo (m)	monde (m)	[mɔ̃d]
universo (m)	univers (m)	[ynivɛr]
galáxia (f)	galaxie (f)	[galaksi]
estrela (f)	étoile (f)	[etwal]
constelação (f)	constellation (f)	[kɔ̃stelasjɔ̃]
planeta (m)	planète (f)	[planɛt]
satélite (m)	satellite (m)	[satelit]
meteorito (m)	météorite (m)	[meteɔrit]
cometa (m)	comète (f)	[kɔmɛt]
asteroide (m)	astéroïde (m)	[asterɔid]
órbita (f)	orbite (f)	[ɔrbit]
girar (vi)	tourner (vi)	[turne]
atmosfera (f)	atmosphère (f)	[atmɔsfɛr]
Sol (m)	Soleil (m)	[sɔlɛj]
Sistema (m) Solar	système (m) solaire	[sistɛm sɔlɛr]
eclipse (m) solar	éclipse (f) de soleil	[leklips də sɔlɛj]
Terra (f)	Terre (f)	[tɛr]
Lua (f)	Lune (f)	[lyn]
Marte (m)	Mars (m)	[mars]
Vênus (f)	Vénus (f)	[venys]
Júpiter (m)	Jupiter (m)	[ʒypitɛr]
Saturno (m)	Saturne (m)	[satyrn]
Mercúrio (m)	Mercure (m)	[mɛrkyr]
Urano (m)	Uranus (m)	[yranys]
Netuno (m)	Neptune	[nɛptyn]
Plutão (m)	Pluton (m)	[plytɔ̃]
Via Láctea (f)	la Voie Lactée	[la vwa lakte]
Ursa Maior (f)	la Grande Ours	[la grɑ̃d urs]
Estrela Polar (f)	la Polaire	[la pɔlɛr]
marciano (m)	martien (m)	[marsjɛ̃]
extraterrestre (m)	extraterrestre (m)	[ɛkstratɛrɛstr]

alienígena (m)	alien (m)	[aljen]
disco (m) voador	soucoupe (f) volante	[sukup vɔlãt]
espaçonave (f)	vaisseau (m) spatial	[vɛso spasjal]
estação (f) orbital	station (f) orbitale	[stasjõ ɔrbital]
lançamento (m)	lancement (m)	[lãsmã]
motor (m)	moteur (m)	[mɔtœr]
bocal (m)	tuyère (f)	[tyjɛr]
combustível (m)	carburant (m)	[karbyrã]
cabine (f)	cabine (f)	[kabin]
antena (f)	antenne (f)	[ãtɛn]
vigia (f)	hublot (m)	[yblo]
bateria (f) solar	batterie (f) solaire	[batri sɔlɛr]
traje (m) espacial	scaphandre (m)	[skafãdr]
imponderabilidade (f)	apesanteur (f)	[apəzãtœr]
oxigênio (m)	oxygène (m)	[ɔksiʒɛn]
acoplagem (f)	arrimage (m)	[arimaʒ]
fazer uma acoplagem	s'arrimer à …	[sarime a]
observatório (m)	observatoire (m)	[ɔpsɛrvatwar]
telescópio (m)	télescope (m)	[teleskɔp]
observar (vt)	observer (vt)	[ɔpsɛrve]
explorar (vt)	explorer (vt)	[ɛksplɔre]

165. A Terra

Terra (f)	Terre (f)	[tɛr]
globo terrestre (Terra)	globe (m) terrestre	[glɔb tɛrɛstr]
planeta (m)	planète (f)	[planɛt]
atmosfera (f)	atmosphère (f)	[atmɔsfɛr]
geografia (f)	géographie (f)	[ʒeɔgrafi]
natureza (f)	nature (f)	[natyr]
globo (mapa esférico)	globe (m) de table	[glɔb də tabl]
mapa (m)	carte (f)	[kart]
atlas (m)	atlas (m)	[atlas]
Europa (f)	Europe (f)	[ørɔp]
Ásia (f)	Asie (f)	[azi]
África (f)	Afrique (f)	[afrik]
Austrália (f)	Australie (f)	[ostrali]
América (f)	Amérique (f)	[amerik]
América (f) do Norte	Amérique (f) du Nord	[amerik dy nɔr]
América (f) do Sul	Amérique (f) du Sud	[amerik dy syd]
Antártida (f)	l'Antarctique (m)	[lãtarktik]
Ártico (m)	l'Arctique (m)	[larktik]

166. Pontos cardeais

norte (m)	nord (m)	[nɔr]
para norte	vers le nord	[vɛr lə nɔr]
no norte	au nord	[onɔr]
do norte (adj)	du nord (adj)	[dy nɔr]
sul (m)	sud (m)	[syd]
para sul	vers le sud	[vɛr lə syd]
no sul	au sud	[osyd]
do sul (adj)	du sud (adj)	[dy syd]
oeste, ocidente (m)	ouest (m)	[wɛst]
para oeste	vers l'occident	[vɛr lɔksidɑ̃]
no oeste	à l'occident	[alɔksidɑ̃]
ocidental (adj)	occidental (adj)	[ɔksidɑ̃tal]
leste, oriente (m)	est (m)	[ɛst]
para leste	vers l'orient	[vɛr lɔrjɑ̃]
no leste	à l'orient	[alɔrjɑ̃]
oriental (adj)	oriental (adj)	[ɔrjɑ̃tal]

167. Mar. Oceano

mar (m)	mer (f)	[mɛr]
oceano (m)	océan (m)	[ɔseɑ̃]
golfo (m)	golfe (m)	[gɔlf]
estreito (m)	détroit (m)	[detrwa]
terra (f) firme	terre (f) ferme	[tɛr fɛrm]
continente (m)	continent (m)	[kɔ̃tinɑ̃]
ilha (f)	île (f)	[il]
península (f)	presqu'île (f)	[prɛskil]
arquipélago (m)	archipel (m)	[arʃipɛl]
baía (f)	baie (f)	[bɛ]
porto (m)	port (m)	[pɔr]
lagoa (f)	lagune (f)	[lagyn]
cabo (m)	cap (m)	[kap]
atol (m)	atoll (m)	[atɔl]
recife (m)	récif (m)	[resif]
coral (m)	corail (m)	[kɔraj]
recife (m) de coral	récif (m) de corail	[resif də kɔraj]
profundo (adj)	profond (adj)	[prɔfɔ̃]
profundidade (f)	profondeur (f)	[prɔfɔ̃dœr]
abismo (m)	abîme (m)	[abim]
fossa (f) oceânica	fosse (f) océanique	[fos ɔseanik]
corrente (f)	courant (m)	[kurɑ̃]
banhar (vt)	baigner (vt)	[beɲe]
litoral (m)	littoral (m)	[litɔral]

costa (f)	côte (f)	[kot]
maré (f) alta	marée (f) haute	[mare ot]
refluxo (m)	marée (f) basse	[mare bas]
restinga (f)	banc (m) de sable	[bɑ̃ də sabl]
fundo (m)	fond (m)	[fɔ̃]

onda (f)	vague (f)	[vag]
crista (f) da onda	crête (f) de la vague	[krɛt də la vag]
espuma (f)	mousse (f)	[mus]

tempestade (f)	tempête (f) en mer	[tɑ̃pɛt ɑ̃mɛr]
furacão (m)	ouragan (m)	[uragɑ̃]
tsunami (m)	tsunami (m)	[tsynami]
calmaria (f)	calme (m)	[kalm]
calmo (adj)	calme (adj)	[kalm]

| polo (m) | pôle (m) | [pol] |
| polar (adj) | polaire (adj) | [pɔlɛr] |

latitude (f)	latitude (f)	[latityd]
longitude (f)	longitude (f)	[lɔ̃ʒityd]
paralela (f)	parallèle (f)	[paralɛl]
equador (m)	équateur (m)	[ekwatœr]

céu (m)	ciel (m)	[sjɛl]
horizonte (m)	horizon (m)	[ɔrizɔ̃]
ar (m)	air (m)	[ɛr]

farol (m)	phare (m)	[far]
mergulhar (vi)	plonger (vi)	[plɔ̃ʒe]
afundar-se (vr)	sombrer (vi)	[sɔ̃bre]
tesouros (m pl)	trésor (m)	[trezɔr]

168. Montanhas

montanha (f)	montagne (f)	[mɔ̃taɲ]
cordilheira (f)	chaîne (f) de montagnes	[ʃɛn də mɔ̃taɲ]
serra (f)	crête (f)	[krɛt]

cume (m)	sommet (m)	[sɔmɛ]
pico (m)	pic (m)	[pik]
pé (m)	pied (m)	[pje]
declive (m)	pente (f)	[pɑ̃t]

vulcão (m)	volcan (m)	[vɔlkɑ̃]
vulcão (m) ativo	volcan (m) actif	[vɔlkɑn aktif]
vulcão (m) extinto	volcan (m) éteint	[vɔlkɑn etɛ̃]

erupção (f)	éruption (f)	[erypsjɔ̃]
cratera (f)	cratère (m)	[kratɛr]
magma (m)	magma (m)	[magma]
lava (f)	lave (f)	[lav]
fundido (lava ~a)	en fusion	[ɑ̃ fyzjɔ̃]
cânion, desfiladeiro (m)	canyon (m)	[kaɲɔ̃]

garganta (f)	**défilé** (m)	[defile]
fenda (f)	**crevasse** (f)	[krəvas]
precipício (m)	**précipice** (m)	[presipis]
passo, colo (m)	**col** (m)	[kɔl]
planalto (m)	**plateau** (m)	[plato]
falésia (f)	**rocher** (m)	[rɔʃe]
colina (f)	**colline** (f)	[kɔlin]
geleira (f)	**glacier** (m)	[glasje]
cachoeira (f)	**chute** (f) **d'eau**	[ʃyt do]
gêiser (m)	**geyser** (m)	[ʒɛzɛr]
lago (m)	**lac** (m)	[lak]
planície (f)	**plaine** (f)	[plɛn]
paisagem (f)	**paysage** (m)	[peizaʒ]
eco (m)	**écho** (m)	[eko]
alpinista (m)	**alpiniste** (m)	[alpinist]
escalador (m)	**varappeur** (m)	[varapœr]
conquistar (vt)	**conquérir** (vt)	[kɔ̃kerir]
subida, escalada (f)	**ascension** (f)	[asɑ̃sjɔ̃]

169. Rios

rio (m)	**rivière** (f), **fleuve** (m)	[rivjɛr], [flœv]
fonte, nascente (f)	**source** (f)	[surs]
leito (m) de rio	**lit** (m)	[li]
bacia (f)	**bassin** (m)	[basɛ̃]
desaguar no ...	**se jeter dans ...**	[sə ʒəte dɑ̃]
afluente (m)	**affluent** (m)	[aflyɑ̃]
margem (do rio)	**rive** (f)	[riv]
corrente (f)	**courant** (m)	[kurɑ̃]
rio abaixo	**en aval**	[ɑn aval]
rio acima	**en amont**	[ɑn amɔ̃]
inundação (f)	**inondation** (f)	[inɔ̃dasjɔ̃]
cheia (f)	**les grandes crues**	[le grɑ̃d kry]
transbordar (vi)	**déborder** (vt)	[debɔrde]
inundar (vt)	**inonder** (vt)	[inɔ̃de]
banco (m) de areia	**bas-fond** (m)	[bafɔ̃]
corredeira (f)	**rapide** (m)	[rapid]
barragem (f)	**barrage** (m)	[baraʒ]
canal (m)	**canal** (m)	[kanal]
reservatório (m) de água	**lac** (m) **de barrage**	[lak də baraʒ]
eclusa (f)	**écluse** (f)	[eklyz]
corpo (m) de água	**plan** (m) **d'eau**	[plɑ̃ do]
pântano (m)	**marais** (m)	[marɛ]
lamaçal (m)	**fondrière** (f)	[fɔ̃drijɛr]

redemoinho (m)	tourbillon (m)	[turbijõ]
riacho (m)	ruisseau (m)	[rɥiso]
potável (adj)	potable (adj)	[pɔtabl]
doce (água)	douce (adj)	[dus]

| gelo (m) | glace (f) | [glas] |
| congelar-se (vr) | être gelé | [ɛtr ʒəle] |

170. Floresta

| floresta (f), bosque (m) | forêt (f) | [fɔrɛ] |
| florestal (adj) | forestier (adj) | [fɔrɛstje] |

mata (f) fechada	fourré (m)	[fure]
arvoredo (m)	bosquet (m)	[bɔskɛ]
clareira (f)	clairière (f)	[klɛrjɛr]

| matagal (m) | broussailles (f pl) | [brusaj] |
| mato (m), caatinga (f) | taillis (m) | [taji] |

| pequena trilha (f) | sentier (m) | [sãtje] |
| ravina (f) | ravin (m) | [ravɛ̃] |

árvore (f)	arbre (m)	[arbr]
folha (f)	feuille (f)	[fœj]
folhagem (f)	feuillage (m)	[fœjaʒ]

queda (f) das folhas	chute (f) de feuilles	[ʃyt də fœj]
cair (vi)	tomber (vi)	[tõbe]
topo (m)	sommet (m)	[sɔmɛ]

ramo (m)	rameau (m)	[ramo]
galho (m)	branche (f)	[brãʃ]
botão (m)	bourgeon (m)	[burʒõ]
agulha (f)	aiguille (f)	[egɥij]
pinha (f)	pomme (f) de pin	[pɔm də pɛ̃]

buraco (m) de árvore	creux (m)	[krø]
ninho (m)	nid (m)	[ni]
toca (f)	terrier (m)	[tɛrje]

tronco (m)	tronc (m)	[trõ]
raiz (f)	racine (f)	[rasin]
casca (f) de árvore	écorce (f)	[ekɔrs]
musgo (m)	mousse (f)	[mus]

arrancar pela raiz	déraciner (vt)	[derasine]
cortar (vt)	abattre (vt)	[abatr]
desflorestar (vt)	déboiser (vt)	[debwaze]
toco, cepo (m)	souche (f)	[suʃ]

fogueira (f)	feu (m) de bois	[fø də bwa]
incêndio (m) florestal	incendie (m)	[ɛ̃sãdi]
apagar (vt)	éteindre (vt)	[etɛ̃dr]

guarda-parque (m)	garde (m) forestier	[gard fɔrɛstje]
proteção (f)	protection (f)	[prɔtɛksjɔ̃]
proteger (a natureza)	protéger (vt)	[prɔteʒe]
caçador (m) furtivo	braconnier (m)	[brakɔnje]
armadilha (f)	piège (m) à mâchoires	[pjɛʒ a maʃwar]
colher (cogumelos, bagas)	cueillir (vt)	[kœjir]
perder-se (vr)	s'égarer (vp)	[segare]

171. Recursos naturais

recursos (m pl) naturais	ressources (f pl) naturelles	[rəsurs natyrɛl]
minerais (m pl)	minéraux (m pl)	[minero]
depósitos (m pl)	gisement (m)	[ʒizmɑ̃]
jazida (f)	champ (m)	[ʃɑ̃]
extrair (vt)	extraire (vt)	[ɛkstrɛr]
extração (f)	extraction (f)	[ɛkstraksjɔ̃]
minério (m)	minerai (m)	[minrɛ]
mina (f)	mine (f)	[min]
poço (m) de mina	puits (m) de mine	[pɥi də min]
mineiro (m)	mineur (m)	[minœr]
gás (m)	gaz (m)	[gaz]
gasoduto (m)	gazoduc (m)	[gazɔdyk]
petróleo (m)	pétrole (m)	[petrɔl]
oleoduto (m)	pipeline (m)	[piplin]
poço (m) de petróleo	tour (f) de forage	[tur də fɔraʒ]
torre (f) petrolífera	derrick (m)	[derik]
petroleiro (m)	pétrolier (m)	[petrɔlje]
areia (f)	sable (m)	[sabl]
calcário (m)	calcaire (m)	[kalkɛr]
cascalho (m)	gravier (m)	[gravje]
turfa (f)	tourbe (f)	[turb]
argila (f)	argile (f)	[arʒil]
carvão (m)	charbon (m)	[ʃarbɔ̃]
ferro (m)	fer (m)	[fɛr]
ouro (m)	or (m)	[ɔr]
prata (f)	argent (m)	[arʒɑ̃]
níquel (m)	nickel (m)	[nikɛl]
cobre (m)	cuivre (m)	[kɥivr]
zinco (m)	zinc (m)	[zɛ̃g]
manganês (m)	manganèse (m)	[mɑ̃ganɛz]
mercúrio (m)	mercure (m)	[mɛrkyr]
chumbo (m)	plomb (m)	[plɔ̃]
mineral (m)	minéral (m)	[mineral]
cristal (m)	cristal (m)	[kristal]
mármore (m)	marbre (m)	[marbr]
urânio (m)	uranium (m)	[yranjɔm]

A Terra. Parte 2

172. Tempo

tempo (m)	temps (m)	[tɑ̃]
previsão (f) do tempo	météo (f)	[meteo]
temperatura (f)	température (f)	[tɑ̃peratyr]
termômetro (m)	thermomètre (m)	[tɛrmɔmɛtr]
barômetro (m)	baromètre (m)	[barɔmɛtr]
úmido (adj)	humide (adj)	[ymid]
umidade (f)	humidité (f)	[ymidite]
calor (m)	chaleur (f)	[ʃalœr]
tórrido (adj)	torride (adj)	[tɔrid]
está muito calor	il fait très chaud	[il fɛ trɛ ʃo]
está calor	il fait chaud	[il fɛʃo]
quente (morno)	chaud (adj)	[ʃo]
está frio	il fait froid	[il fɛ frwa]
frio (adj)	froid (adj)	[frwa]
sol (m)	soleil (m)	[sɔlɛj]
brilhar (vi)	briller (vi)	[brije]
de sol, ensolarado	ensoleillé (adj)	[ɑ̃sɔleje]
nascer (vi)	se lever (vp)	[sə ləve]
pôr-se (vr)	se coucher (vp)	[sə kuʃe]
nuvem (f)	nuage (m)	[nɥaʒ]
nublado (adj)	nuageux (adj)	[nɥaʒø]
nuvem (f) preta	nuée (f)	[nɥe]
escuro, cinzento (adj)	sombre (adj)	[sɔ̃br]
chuva (f)	pluie (f)	[plɥi]
está a chover	il pleut	[il plø]
chuvoso (adj)	pluvieux (adj)	[plyvjø]
chuviscar (vi)	bruiner (v imp)	[brɥine]
chuva (f) torrencial	pluie (f) torrentielle	[plɥi tɔrɑ̃sjɛl]
aguaceiro (m)	averse (f)	[avɛrs]
forte (chuva, etc.)	forte (adj)	[fɔrt]
poça (f)	flaque (f)	[flak]
molhar-se (vr)	se faire mouiller	[sə fɛr muje]
nevoeiro (m)	brouillard (m)	[brujar]
de nevoeiro	brumeux (adj)	[brymø]
neve (f)	neige (f)	[nɛʒ]
está nevando	il neige	[il nɛʒ]

173. Tempo extremo. Catástrofes naturais

trovoada (f)	orage (m)	[ɔraʒ]
relâmpago (m)	éclair (m)	[eklɛr]
relampejar (vi)	éclater (vi)	[eklate]
trovão (m)	tonnerre (m)	[tɔnɛr]
trovejar (vi)	gronder (vi)	[grɔ̃de]
está trovejando	le tonnerre gronde	[lə tɔnɛr grɔ̃d]
granizo (m)	grêle (f)	[grɛl]
está caindo granizo	il grêle	[il grɛl]
inundar (vt)	inonder (vt)	[inɔ̃de]
inundação (f)	inondation (f)	[inɔ̃dasjɔ̃]
terremoto (m)	tremblement (m) de terre	[trɑ̃bləmɑ̃ də tɛr]
abalo, tremor (m)	secousse (f)	[səkus]
epicentro (m)	épicentre (m)	[episɑ̃tr]
erupção (f)	éruption (f)	[erypsjɔ̃]
lava (f)	lave (f)	[lav]
tornado (m)	tourbillon (m)	[turbijɔ̃]
tornado (m)	tornade (f)	[tɔrnad]
tufão (m)	typhon (m)	[tifɔ̃]
furacão (m)	ouragan (m)	[uragɑ̃]
tempestade (f)	tempête (f)	[tɑ̃pɛt]
tsunami (m)	tsunami (m)	[tsynami]
ciclone (m)	cyclone (m)	[siklon]
mau tempo (m)	intempéries (f pl)	[ɛ̃tɑ̃peri]
incêndio (m)	incendie (m)	[ɛ̃sɑ̃di]
catástrofe (f)	catastrophe (f)	[katastrɔf]
meteorito (m)	météorite (m)	[meteɔrit]
avalanche (f)	avalanche (f)	[avalɑ̃ʃ]
deslizamento (m) de neve	éboulement (m)	[ebulmɑ̃]
nevasca (f)	blizzard (m)	[blizar]
tempestade (f) de neve	tempête (f) de neige	[tɑ̃pɛt də nɛʒ]

Fauna

174. Mamíferos. Predadores

predador (m)	prédateur (m)	[predatœr]
tigre (m)	tigre (m)	[tigr]
leão (m)	lion (m)	[ljɔ̃]
lobo (m)	loup (m)	[lu]
raposa (f)	renard (m)	[rənar]
jaguar (m)	jaguar (m)	[ʒagwar]
leopardo (m)	léopard (m)	[leɔpar]
chita (f)	guépard (m)	[gepar]
pantera (f)	panthère (f)	[pɑ̃tɛr]
puma (m)	puma (m)	[pyma]
leopardo-das-neves (m)	léopard (m) de neiges	[leɔpar də nɛʒ]
lince (m)	lynx (m)	[lɛ̆ks]
coiote (m)	coyote (m)	[kɔjɔt]
chacal (m)	chacal (m)	[ʃakal]
hiena (f)	hyène (f)	[jɛn]

175. Animais selvagens

animal (m)	animal (m)	[animal]
besta (f)	bête (f)	[bɛt]
esquilo (m)	écureuil (m)	[ekyrœj]
ouriço (m)	hérisson (m)	[erisɔ̃]
lebre (f)	lièvre (m)	[ljɛvr]
coelho (m)	lapin (m)	[lapɛ̃]
texugo (m)	blaireau (m)	[blɛro]
guaxinim (m)	raton (m)	[ratɔ̃]
hamster (m)	hamster (m)	[amstɛr]
marmota (f)	marmotte (f)	[marmɔt]
toupeira (f)	taupe (f)	[top]
rato (m)	souris (f)	[suri]
ratazana (f)	rat (m)	[ra]
morcego (m)	chauve-souris (f)	[ʃovsuri]
arminho (m)	hermine (f)	[ɛrmin]
zibelina (f)	zibeline (f)	[ziblin]
marta (f)	martre (f)	[martr]
doninha (f)	belette (f)	[bəlɛt]
visom (m)	vison (m)	[vizɔ̃]

castor (m)	castor (m)	[kastɔr]
lontra (f)	loutre (f)	[lutr]
cavalo (m)	cheval (m)	[ʃəval]
alce (m)	élan (m)	[elã]
veado (m)	cerf (m)	[sɛr]
camelo (m)	chameau (m)	[ʃamo]
bisão (m)	bison (m)	[bizɔ̃]
auroque (m)	aurochs (m)	[orɔk]
búfalo (m)	buffle (m)	[byfl]
zebra (f)	zèbre (m)	[zɛbr]
antílope (m)	antilope (f)	[ãtilɔp]
corça (f)	chevreuil (m)	[ʃəvrœj]
gamo (m)	biche (f)	[biʃ]
camurça (f)	chamois (m)	[ʃamwa]
javali (m)	sanglier (m)	[sãglije]
baleia (f)	baleine (f)	[balɛn]
foca (f)	phoque (m)	[fɔk]
morsa (f)	morse (m)	[mɔrs]
urso-marinho (m)	ours (m) de mer	[urs də mɛr]
golfinho (m)	dauphin (m)	[dofɛ̃]
urso (m)	ours (m)	[urs]
urso (m) polar	ours (m) blanc	[urs blã]
panda (m)	panda (m)	[pãda]
macaco (m)	singe (m)	[sɛ̃ʒ]
chimpanzé (m)	chimpanzé (m)	[ʃɛ̃pãze]
orangotango (m)	orang-outang (m)	[ɔrãutã]
gorila (m)	gorille (m)	[gɔrij]
macaco (m)	macaque (m)	[makak]
gibão (m)	gibbon (m)	[ʒibɔ̃]
elefante (m)	éléphant (m)	[elefã]
rinoceronte (m)	rhinocéros (m)	[rinɔserɔs]
girafa (f)	girafe (f)	[ʒiraf]
hipopótamo (m)	hippopotame (m)	[ipɔpɔtam]
canguru (m)	kangourou (m)	[kãguru]
coala (m)	koala (m)	[kɔala]
mangusto (m)	mangouste (f)	[mãgust]
chinchila (f)	chinchilla (m)	[ʃɛ̃ʃila]
cangambá (f)	mouffette (f)	[mufɛt]
porco-espinho (m)	porc-épic (m)	[pɔrkepik]

176. Animais domésticos

gata (f)	chat (m)	[ʃa]
gato (m) macho	chat (m)	[ʃa]
cão (m)	chien (m)	[ʃjɛ̃]

cavalo (m)	cheval (m)	[ʃəval]
garanhão (m)	étalon (m)	[etalɔ̃]
égua (f)	jument (f)	[ʒymɑ̃]

vaca (f)	vache (f)	[vaʃ]
touro (m)	taureau (m)	[tɔro]
boi (m)	bœuf (m)	[bœf]

ovelha (f)	brebis (f)	[brəbi]
carneiro (m)	mouton (m)	[mutɔ̃]
cabra (f)	chèvre (f)	[ʃɛvr]
bode (m)	bouc (m)	[buk]

burro (m)	âne (m)	[ɑn]
mula (f)	mulet (m)	[mylɛ]

porco (m)	cochon (m)	[kɔʃɔ̃]
leitão (m)	pourceau (m)	[purso]
coelho (m)	lapin (m)	[lapɛ̃]

galinha (f)	poule (f)	[pul]
galo (m)	coq (m)	[kɔk]

pata (f), pato (m)	canard (m)	[kanar]
pato (m)	canard (m) mâle	[kanar mal]
ganso (m)	oie (f)	[wa]

peru (m)	dindon (m)	[dɛ̃dɔ̃]
perua (f)	dinde (f)	[dɛ̃d]

animais (m pl) domésticos	animaux (m pl) domestiques	[animo dɔmɛstik]
domesticado (adj)	apprivoisé (adj)	[aprivwaze]
domesticar (vt)	apprivoiser (vt)	[aprivwaze]
criar (vt)	élever (vt)	[elve]

fazenda (f)	ferme (f)	[fɛrm]
aves (f pl) domésticas	volaille (f)	[vɔlaj]
gado (m)	bétail (m)	[betaj]
rebanho (m), manada (f)	troupeau (m)	[trupo]

estábulo (m)	écurie (f)	[ekyri]
chiqueiro (m)	porcherie (f)	[pɔrʃeri]
estábulo (m)	vacherie (f)	[vaʃri]
coelheira (f)	cabane (f) à lapins	[kaban ɑ lapɛ̃]
galinheiro (m)	poulailler (m)	[pulaje]

177. Cães. Raças de cães

cão (m)	chien (m)	[ʃjɛ̃]
cão pastor (m)	berger (m)	[bɛrʒe]
pastor-alemão (m)	berger (m) allemand	[bɛrʒe almɑ̃]
poodle (m)	caniche (f)	[kaniʃ]
linguicinha (m)	teckel (m)	[tekɛl]
buldogue (m)	bouledogue (m)	[buldɔg]

boxer (m)	boxer (m)	[bɔksɛr]
mastim (m)	mastiff (m)	[mastif]
rottweiler (m)	rottweiler (m)	[rɔtvajlœr]
dóberman (m)	doberman (m)	[dɔbɛrman]
basset (m)	basset (m)	[basɛ]
pastor inglês (m)	bobtail (m)	[bɔbtɛjl]
dálmata (m)	dalmatien (m)	[dalmasjɛ̃]
cocker spaniel (m)	cocker (m)	[kɔkɛr]
terra-nova (m)	terre-neuve (m)	[tɛrnœv]
são-bernardo (m)	saint-bernard (m)	[sɛ̃bɛrnar]
husky (m) siberiano	husky (m)	[œski]
Chow-chow (m)	chow-chow (m)	[ʃoʃo]
spitz alemão (m)	spitz (m)	[spitz]
pug (m)	carlin (m)	[karlɛ̃]

178. Sons produzidos pelos animais

latido (m)	aboiement (m)	[abwamɑ̃]
latir (vi)	aboyer (vi)	[abwaje]
miar (vi)	miauler (vi)	[mjole]
ronronar (vi)	ronronner (vi)	[rɔ̃rɔne]
mugir (vaca)	meugler (vi)	[møgle]
bramir (touro)	beugler (vi)	[bøgle]
rosnar (vi)	rugir (vi)	[ryʒir]
uivo (m)	hurlement (m)	[yrləmɑ̃]
uivar (vi)	hurler (vi)	[yrle]
ganir (vi)	geindre (vi)	[ʒɛ̃dr]
balir (vi)	bêler (vi)	[bele]
grunhir (vi)	grogner (vi)	[grɔɲe]
guinchar (vi)	glapir (vi)	[glapir]
coaxar (sapo)	coasser (vi)	[kɔase]
zumbir (inseto)	bourdonner (vi)	[burdɔne]
ziziar (vi)	striduler (vi)	[stridyle]

179. Pássaros

pássaro (m), ave (f)	oiseau (m)	[wazo]
pombo (m)	pigeon (m)	[piʒɔ̃]
pardal (m)	moineau (m)	[mwano]
chapim-real (m)	mésange (f)	[mezɑ̃ʒ]
pega-rabuda (f)	pie (f)	[pi]
corvo (m)	corbeau (m)	[kɔrbo]
gralha-cinzenta (f)	corneille (f)	[kɔrnɛj]
gralha-de-nuca-cinzenta (f)	choucas (m)	[ʃuka]

gralha-calva (f)	freux (m)	[frø]
pato (m)	canard (m)	[kanar]
ganso (m)	oie (f)	[wa]
faisão (m)	faisan (m)	[fəzã]
águia (f)	aigle (m)	[ɛgl]
açor (m)	épervier (m)	[epɛrvje]
falcão (m)	faucon (m)	[fokõ]
abutre (m)	vautour (m)	[votur]
condor (m)	condor (m)	[kõdɔr]
cisne (m)	cygne (m)	[siɲ]
grou (m)	grue (f)	[gry]
cegonha (f)	cigogne (f)	[sigɔɲ]
papagaio (m)	perroquet (m)	[perɔkɛ]
beija-flor (m)	colibri (m)	[kɔlibri]
pavão (m)	paon (m)	[pã]
avestruz (m)	autruche (f)	[otryʃ]
garça (f)	héron (m)	[erõ]
flamingo (m)	flamant (m)	[flamã]
pelicano (m)	pélican (m)	[pelikã]
rouxinol (m)	rossignol (m)	[rɔsiɲɔl]
andorinha (f)	hirondelle (f)	[irõdɛl]
tordo-zornal (m)	merle (m)	[mɛrl]
tordo-músico (m)	grive (f)	[griv]
melro-preto (m)	merle (m) noir	[mɛrl nwar]
andorinhão (m)	martinet (m)	[martinɛ]
cotovia (f)	alouette (f) des champs	[alwɛt de ʃã]
codorna (f)	caille (f)	[kaj]
pica-pau (m)	pivert (m)	[pivɛr]
cuco (m)	coucou (m)	[kuku]
coruja (f)	chouette (f)	[ʃwɛt]
bufo-real (m)	hibou (m)	[ibu]
tetraz-grande (m)	tétras (m)	[tetra]
tetraz-lira (m)	tétras-lyre (m)	[tetralir]
perdiz-cinzenta (f)	perdrix (f)	[pɛrdri]
estorninho (m)	étourneau (m)	[eturno]
canário (m)	canari (m)	[kanari]
galinha-do-mato (f)	gélinotte (f) des bois	[ʒelinɔt də bwa]
tentilhão (m)	pinson (m)	[pɛ̃sõ]
dom-fafe (m)	bouvreuil (m)	[buvrœj]
gaivota (f)	mouette (f)	[mwɛt]
albatroz (m)	albatros (m)	[albatros]
pinguim (m)	pingouin (m)	[pɛ̃gwɛ̃]

180. Pássaros. Canto e sons

cantar (vi)	chanter (vi)	[ʃɑ̃te]
gritar, chamar (vi)	crier (vi)	[krije]
cantar (o galo)	chanter (vi)	[ʃɑ̃te]
cocorocó (m)	cocorico (m)	[kɔkɔriko]
cacarejar (vi)	glousser (vi)	[gluse]
crocitar (vi)	croasser (vi)	[krɔase]
grasnar (vi)	cancaner (vi)	[kɑ̃kane]
piar (vi)	piauler (vi)	[pjole]
chilrear, gorjear (vi)	pépier (vi)	[pepje]

181. Peixes. Animais marinhos

brema (f)	brème (f)	[brɛm]
carpa (f)	carpe (f)	[karp]
perca (f)	perche (f)	[pɛrʃ]
siluro (m)	silure (m)	[silyr]
lúcio (m)	brochet (m)	[brɔʃɛ]
salmão (m)	saumon (m)	[somɔ̃]
esturjão (m)	esturgeon (m)	[ɛstyrʒɔ̃]
arenque (m)	hareng (m)	[arɑ̃]
salmão (m) do Atlântico	saumon (m) atlantique	[somɔ̃ atlɑ̃tik]
cavala, sarda (f)	maquereau (m)	[makro]
solha (f), linguado (m)	flet (m)	[flɛ]
lúcio perca (m)	sandre (f)	[sɑ̃dr]
bacalhau (m)	morue (f)	[mɔry]
atum (m)	thon (m)	[tɔ̃]
truta (f)	truite (f)	[trɥit]
enguia (f)	anguille (f)	[ɑ̃gij]
raia (f) elétrica	torpille (f)	[tɔrpij]
moreia (f)	murène (f)	[myrɛn]
piranha (f)	piranha (m)	[piraɲa]
tubarão (m)	requin (m)	[rəkɛ̃]
golfinho (m)	dauphin (m)	[dofɛ̃]
baleia (f)	baleine (f)	[balɛn]
caranguejo (m)	crabe (m)	[krab]
água-viva (f)	méduse (f)	[medyz]
polvo (m)	pieuvre (f), poulpe (m)	[pjœvr], [pulp]
estrela-do-mar (f)	étoile (f) de mer	[etwal də mɛr]
ouriço-do-mar (m)	oursin (m)	[ursɛ̃]
cavalo-marinho (m)	hippocampe (m)	[ipɔkɑ̃p]
ostra (f)	huître (f)	[ɥitr]
camarão (m)	crevette (f)	[krəvɛt]

| lagosta (f) | homard (m) | [ɔmar] |
| lagosta (f) | langoustine (f) | [lãgustin] |

182. Anfíbios. Répteis

| cobra (f) | serpent (m) | [sɛrpã] |
| venenoso (adj) | venimeux (adj) | [vənimø] |

víbora (f)	vipère (f)	[vipɛr]
naja (f)	cobra (m)	[kɔbra]
píton (m)	python (m)	[pitɔ̃]
jiboia (f)	boa (m)	[bɔa]

cobra-de-água (f)	couleuvre (f)	[kulœvr]
cascavel (f)	serpent (m) à sonnettes	[sɛrpã a sɔnɛt]
anaconda (f)	anaconda (m)	[anakɔ̃da]

lagarto (m)	lézard (m)	[lezar]
iguana (f)	iguane (m)	[igwan]
varano (m)	varan (m)	[varã]
salamandra (f)	salamandre (f)	[salamãdr]
camaleão (m)	caméléon (m)	[kameleɔ̃]
escorpião (m)	scorpion (m)	[skɔrpjɔ̃]

tartaruga (f)	tortue (f)	[tɔrty]
rã (f)	grenouille (f)	[grənuj]
sapo (m)	crapaud (m)	[krapo]
crocodilo (m)	crocodile (m)	[krɔkɔdil]

183. Insetos

inseto (m)	insecte (m)	[ɛ̃sɛkt]
borboleta (f)	papillon (m)	[papijɔ̃]
formiga (f)	fourmi (f)	[furmi]
mosca (f)	mouche (f)	[muʃ]
mosquito (m)	moustique (m)	[mustik]
escaravelho (m)	scarabée (m)	[skarabe]

vespa (f)	guêpe (f)	[gɛp]
abelha (f)	abeille (f)	[abɛj]
mamangaba (f)	bourdon (m)	[burdɔ̃]
moscardo (m)	œstre (m)	[ɛstr]

| aranha (f) | araignée (f) | [areɲe] |
| teia (f) de aranha | toile (f) d'araignée | [twal dareɲe] |

libélula (f)	libellule (f)	[libelyl]
gafanhoto (m)	sauterelle (f)	[sotrɛl]
traça (f)	papillon (m)	[papijɔ̃]

| barata (f) | cafard (m) | [kafar] |
| carrapato (m) | tique (f) | [tik] |

| pulga (f) | puce (f) | [pys] |
| borrachudo (m) | moucheron (m) | [muʃrɔ̃] |

gafanhoto (m)	criquet (m)	[krikɛ]
caracol (m)	escargot (m)	[ɛskargo]
grilo (m)	grillon (m)	[grijɔ̃]
pirilampo, vaga-lume (m)	luciole (f)	[lysjɔl]
joaninha (f)	coccinelle (f)	[kɔksinɛl]
besouro (m)	hanneton (m)	[antɔ̃]

sanguessuga (f)	sangsue (f)	[sɑ̃sy]
lagarta (f)	chenille (f)	[ʃənij]
minhoca (f)	ver (m)	[vɛr]
larva (f)	larve (f)	[larv]

184. Animais. Partes do corpo

bico (m)	bec (m)	[bɛk]
asas (f pl)	ailes (f pl)	[ɛl]
pata (f)	patte (f)	[pat]
plumagem (f)	plumage (m)	[plymaʒ]
pena, pluma (f)	plume (f)	[plym]
crista (f)	houppe (f)	[up]

brânquias, guelras (f pl)	ouïes (f pl)	[wi]
ovas (f pl)	les œufs (m pl)	[lezø]
larva (f)	larve (f)	[larv]
barbatana (f)	nageoire (f)	[naʒwar]
escama (f)	écaille (f)	[ekaj]

presa (f)	croc (m)	[kro]
pata (f)	patte (f)	[pat]
focinho (m)	museau (m)	[myzo]
boca (f)	gueule (f)	[gœl]
cauda (f), rabo (m)	queue (f)	[kø]
bigodes (m pl)	moustaches (f pl)	[mustaʃ]

| casco (m) | sabot (m) | [sabo] |
| corno (m) | corne (f) | [kɔrn] |

carapaça (f)	carapace (f)	[karapas]
concha (f)	coquillage (m)	[kɔkijaʒ]
casca (f) de ovo	coquille (f) d'œuf	[kɔkij dœf]

| pelo (m) | poil (m) | [pwal] |
| pele (f), couro (m) | peau (f) | [po] |

185. Animais. Habitats

hábitat (m)	habitat (m) naturel	[abita natyrɛl]
migração (f)	migration (f)	[migrasjɔ̃]
montanha (f)	montagne (f)	[mɔ̃taɲ]

recife (m)	**récif** (m)	[resif]
falésia (f)	**rocher** (m)	[rɔʃe]
floresta (f)	**forêt** (f)	[fɔrɛ]
selva (f)	**jungle** (f)	[ʒœ̃gl]
savana (f)	**savane** (f)	[savan]
tundra (f)	**toundra** (f)	[tundra]
estepe (f)	**steppe** (f)	[stɛp]
deserto (m)	**désert** (m)	[dezɛr]
oásis (m)	**oasis** (f)	[ɔazis]
mar (m)	**mer** (f)	[mɛr]
lago (m)	**lac** (m)	[lak]
oceano (m)	**océan** (m)	[ɔseɑ̃]
pântano (m)	**marais** (m)	[marɛ]
de água doce	**d'eau douce** (adj)	[do dus]
lagoa (f)	**étang** (m)	[etɑ̃]
rio (m)	**rivière** (f), **fleuve** (m)	[rivjɛr], [flœv]
toca (f) do urso	**tanière** (f)	[tanjɛr]
ninho (m)	**nid** (m)	[ni]
buraco (m) de árvore	**creux** (m)	[krø]
toca (f)	**terrier** (m)	[tɛrje]
formigueiro (m)	**fourmilière** (f)	[furmiljɛr]

Flora

186. Árvores

árvore (f)	arbre (m)	[arbr]
decídua (adj)	à feuilles caduques	[a fœj kadyk]
conífera (adj)	conifère (adj)	[kɔnifɛr]
perene (adj)	à feuilles persistantes	[a fœj pɛrsistɑ̃t]
macieira (f)	pommier (m)	[pɔmje]
pereira (f)	poirier (m)	[pwarje]
cerejeira (f)	merisier (m)	[mərizje]
ginjeira (f)	cerisier (m)	[sərizje]
ameixeira (f)	prunier (m)	[prynje]
bétula (f)	bouleau (m)	[bulo]
carvalho (m)	chêne (m)	[ʃɛn]
tília (f)	tilleul (m)	[tijœl]
choupo-tremedor (m)	tremble (m)	[trɑ̃bl]
bordo (m)	érable (m)	[erabl]
espruce (m)	épicéa (m)	[episea]
pinheiro (m)	pin (m)	[pɛ̃]
alerce, lariço (m)	mélèze (m)	[melɛz]
abeto (m)	sapin (m)	[sapɛ̃]
cedro (m)	cèdre (m)	[sɛdr]
choupo, álamo (m)	peuplier (m)	[pøplije]
tramazeira (f)	sorbier (m)	[sɔrbje]
salgueiro (m)	saule (m)	[sol]
amieiro (m)	aune (m)	[on]
faia (f)	hêtre (m)	[ɛtr]
ulmeiro, olmo (m)	orme (m)	[ɔrm]
freixo (m)	frêne (m)	[frɛn]
castanheiro (m)	marronnier (m)	[marɔnje]
magnólia (f)	magnolia (m)	[maɲɔlja]
palmeira (f)	palmier (m)	[palmje]
cipreste (m)	cyprès (m)	[siprɛ]
mangue (m)	palétuvier (m)	[paletyvje]
embondeiro, baobá (m)	baobab (m)	[baɔbab]
eucalipto (m)	eucalyptus (m)	[økaliptys]
sequoia (f)	séquoia (m)	[sekɔja]

187. Arbustos

arbusto (m)	buisson (m)	[bɥisɔ̃]
arbusto (m), moita (f)	arbrisseau (m)	[arbriso]

videira (f)	vigne (f)	[viɲ]
vinhedo (m)	vigne (f)	[viɲ]

framboeseira (f)	framboise (f)	[frɑ̃bwaz]
groselheira-negra (f)	cassis (m)	[kasis]
groselheira-vermelha (f)	groseille (f) rouge	[grozɛj ruʒ]
groselheira (f) espinhosa	groseille (f) verte	[grozɛj vɛrt]

acácia (f)	acacia (m)	[akasja]
bérberis (f)	berbéris (m)	[bɛrberis]
jasmim (m)	jasmin (m)	[ʒasmɛ̃]

junípero (m)	genévrier (m)	[ʒənevrije]
roseira (f)	rosier (m)	[rozje]
roseira (f) brava	églantier (m)	[eglɑ̃tje]

188. Cogumelos

cogumelo (m)	champignon (m)	[ʃɑ̃piɲɔ̃]
cogumelo (m) comestível	champignon (m) comestible	[ʃɑ̃piɲɔ̃ kɔmɛstibl]
cogumelo (m) venenoso	champignon (m) vénéneux	[ʃɑ̃piɲɔ̃ venenø]
chapéu (m)	chapeau (m)	[ʃapo]
pé, caule (m)	pied (m)	[pje]

boleto, porcino (m)	cèpe (m)	[sɛp]
boleto (m) alaranjado	bolet (m) orangé	[bɔlɛ ɔrɑ̃ʒe]
boleto (m) de bétula	bolet (m) bai	[bɔlɛ bɛ]
cantarelo (m)	girolle (f)	[ʒirɔl]
rússula (f)	russule (f)	[rysyl]

morchella (f)	morille (f)	[mɔrij]
agário-das-moscas (m)	amanite (f) tue-mouches	[amanit tymuʃ]
cicuta (f) verde	oronge (f) verte	[ɔrɔ̃ʒ vɛrt]

189. Frutos. Bagas

fruta (f)	fruit (m)	[frɥi]
frutas (f pl)	fruits (m pl)	[frɥi]
maçã (f)	pomme (f)	[pɔm]
pera (f)	poire (f)	[pwar]
ameixa (f)	prune (f)	[pryn]

morango (m)	fraise (f)	[frɛz]
ginja (f)	cerise (f)	[səriz]
cereja (f)	merise (f)	[məriz]
uva (f)	raisin (m)	[rɛzɛ̃]

framboesa (f)	framboise (f)	[frɑ̃bwaz]
groselha (f) negra	cassis (m)	[kasis]
groselha (f) vermelha	groseille (f) rouge	[grozɛj ruʒ]
groselha (f) espinhosa	groseille (f) verte	[grozɛj vɛrt]
oxicoco (m)	canneberge (f)	[kanbɛrʒ]

laranja (f)	orange (f)	[ɔrɑ̃ʒ]
tangerina (f)	mandarine (f)	[mɑ̃darin]
abacaxi (m)	ananas (m)	[anana]
banana (f)	banane (f)	[banan]
tâmara (f)	datte (f)	[dat]

limão (m)	citron (m)	[sitrɔ̃]
damasco (m)	abricot (m)	[abriko]
pêssego (m)	pêche (f)	[pɛʃ]
quiuí (m)	kiwi (m)	[kiwi]
toranja (f)	pamplemousse (m)	[pɑ̃pləmus]

baga (f)	baie (f)	[bɛ]
bagas (f pl)	baies (f pl)	[bɛ]
arando (m) vermelho	airelle (f) rouge	[ɛrɛl ruʒ]
morango-silvestre (m)	fraise (f) des bois	[frɛz de bwa]
mirtilo (m)	myrtille (f)	[mirtij]

190. Flores. Plantas

| flor (f) | fleur (f) | [flœr] |
| buquê (m) de flores | bouquet (m) | [bukɛ] |

rosa (f)	rose (f)	[roz]
tulipa (f)	tulipe (f)	[tylip]
cravo (m)	oeillet (m)	[œjɛ]
gladíolo (m)	glaïeul (m)	[glajœl]

centáurea (f)	bleuet (m)	[bløɛ]
campainha (f)	campanule (f)	[kɑ̃panyl]
dente-de-leão (m)	dent-de-lion (f)	[dɑ̃dəljɔ̃]
camomila (f)	marguerite (f)	[margərit]

aloé (m)	aloès (m)	[alɔɛs]
cacto (m)	cactus (m)	[kaktys]
fícus (m)	ficus (m)	[fikys]

lírio (m)	lis (m)	[li]
gerânio (m)	géranium (m)	[ʒeranjɔm]
jacinto (m)	jacinthe (f)	[ʒasɛ̃t]

mimosa (f)	mimosa (m)	[mimɔza]
narciso (m)	jonquille (f)	[ʒɔ̃kij]
capuchinha (f)	capucine (f)	[kapysin]

orquídea (f)	orchidée (f)	[ɔrkide]
peônia (f)	pivoine (f)	[pivwan]
violeta (f)	violette (f)	[vjɔlɛt]

amor-perfeito (m)	pensée (f)	[pɑ̃se]
não-me-esqueças (m)	myosotis (m)	[mjɔzɔtis]
margarida (f)	pâquerette (f)	[pɑkrɛt]
papoula (f)	coquelicot (m)	[kɔkliko]
cânhamo (m)	chanvre (m)	[ʃɑ̃vr]

hortelã, menta (f)	menthe (f)	[mãt]
lírio-do-vale (m)	muguet (m)	[mygɛ]
campânula-branca (f)	perce-neige (f)	[pɛrsənɛʒ]
urtiga (f)	ortie (f)	[ɔrti]
azedinha (f)	oseille (f)	[ozɛj]
nenúfar (m)	nénuphar (m)	[nenyfar]
samambaia (f)	fougère (f)	[fuʒɛr]
líquen (m)	lichen (m)	[likɛn]
estufa (f)	serre (f) tropicale	[sɛr trɔpikal]
gramado (m)	gazon (m)	[gazõ]
canteiro (m) de flores	parterre (m) de fleurs	[partɛr də flœr]
planta (f)	plante (f)	[plãt]
grama (f)	herbe (f)	[ɛrb]
folha (f) de grama	brin (m) d'herbe	[brɛ̃ dɛrb]
folha (f)	feuille (f)	[fœj]
pétala (f)	pétale (m)	[petal]
talo (m)	tige (f)	[tiʒ]
tubérculo (m)	tubercule (m)	[tybɛrkyl]
broto, rebento (m)	pousse (f)	[pus]
espinho (m)	épine (f)	[epin]
florescer (vi)	fleurir (vi)	[flœrir]
murchar (vi)	se faner (vp)	[sə fane]
cheiro (m)	odeur (f)	[ɔdœr]
cortar (flores)	couper (vt)	[kupe]
colher (uma flor)	cueillir (vt)	[kœjir]

191. Cereais, grãos

grão (m)	grains (m pl)	[grɛ̃]
cereais (plantas)	céréales (f pl)	[sereal]
espiga (f)	épi (m)	[epi]
trigo (m)	blé (m)	[ble]
centeio (m)	seigle (m)	[sɛgl]
aveia (f)	avoine (f)	[avwan]
painço (m)	millet (m)	[mijɛ]
cevada (f)	orge (f)	[ɔrʒ]
milho (m)	maïs (m)	[mais]
arroz (m)	riz (m)	[ri]
trigo-sarraceno (m)	sarrasin (m)	[sarazɛ̃]
ervilha (f)	pois (m)	[pwa]
feijão (m) roxo	haricot (m)	[ariko]
soja (f)	soja (m)	[sɔʒa]
lentilha (f)	lentille (f)	[lãtij]

GEOGRAFIA REGIONAL

Países. Nacionalidades

192. Política. Governo. Parte 1

política (f)	politique (f)	[pɔlitik]
político (adj)	politique (adj)	[pɔlitik]
político (m)	homme (m) politique	[nɔm pɔlitik]
estado (m)	état (m)	[eta]
cidadão (m)	citoyen (m)	[sitwajɛ̃]
cidadania (f)	citoyenneté (f)	[sitwajɛnte]
brasão (m) de armas	armoiries (f pl) nationales	[armwari nasjɔnal]
hino (m) nacional	hymne (m) national	[imn nasjɔnal]
governo (m)	gouvernement (m)	[guvɛrnəmã]
Chefe (m) de Estado	chef (m) d'état	[ʃɛf deta]
parlamento (m)	parlement (m)	[parləmã]
partido (m)	parti (m)	[parti]
capitalismo (m)	capitalisme (m)	[kapitalism]
capitalista (adj)	capitaliste (adj)	[kapitalist]
socialismo (m)	socialisme (m)	[sɔsjalism]
socialista (adj)	socialiste (adj)	[sɔsjalist]
comunismo (m)	communisme (m)	[kɔmynism]
comunista (adj)	communiste (adj)	[kɔmynist]
comunista (m)	communiste (m)	[kɔmynist]
democracia (f)	démocratie (f)	[demɔkrasi]
democrata (m)	démocrate (m)	[demɔkrat]
democrático (adj)	démocratique (adj)	[demɔkratik]
Partido (m) Democrático	parti (m) démocratique	[parti demɔkratik]
liberal (m)	libéral (m)	[liberal]
liberal (adj)	libéral (adj)	[liberal]
conservador (m)	conservateur (m)	[kɔ̃sɛrvatœr]
conservador (adj)	conservateur (adj)	[kɔ̃sɛrvatœr]
república (f)	république (f)	[repyblik]
republicano (m)	républicain (m)	[repyblikɛ̃]
Partido (m) Republicano	parti (m) républicain	[parti repyblikɛ̃]
eleições (f pl)	élections (f pl)	[elɛksjɔ̃]
eleger (vt)	élire (vt)	[elir]

eleitor (m)	électeur (m)	[elɛktœr]
campanha (f) eleitoral	campagne (f) électorale	[kɑ̃paɲ elɛktɔral]

votação (f)	vote (m)	[vɔt]
votar (vi)	voter (vi)	[vɔte]
sufrágio (m)	droit (m) de vote	[drwa də vɔt]

candidato (m)	candidat (m)	[kɑ̃dida]
candidatar-se (vi)	poser sa candidature	[poze sa kɑ̃didatyr]
campanha (f)	campagne (f)	[kɑ̃paɲ]

da oposição	d'opposition (adj)	[dɔpozisjɔ̃]
oposição (f)	opposition (f)	[ɔpozisjɔ̃]

visita (f)	visite (f)	[vizit]
visita (f) oficial	visite (f) officielle	[vizit ɔfisjɛl]
internacional (adj)	international (adj)	[ɛ̃tɛrnasjɔnal]

negociações (f pl)	négociations (f pl)	[negɔsjasjɔ̃]
negociar (vi)	négocier (vi)	[negɔsje]

193. Política. Governo. Parte 2

sociedade (f)	société (f)	[sɔsjete]
constituição (f)	constitution (f)	[kɔ̃stitysjɔ̃]
poder (ir para o ~)	pouvoir (m)	[puvwar]
corrupção (f)	corruption (f)	[kɔrypsjɔ̃]

lei (f)	loi (f)	[lwa]
legal (adj)	légal (adj)	[legal]

justeza (f)	justice (f)	[ʒystis]
justo (adj)	juste (adj)	[ʒyst]

comitê (m)	comité (m)	[kɔmite]
projeto-lei (m)	projet (m) de loi	[prɔʒɛ də lwa]
orçamento (m)	budget (m)	[bydʒɛ]
política (f)	politique (f)	[pɔlitik]
reforma (f)	réforme (f)	[reflefir]
radical (adj)	radical (adj)	[radikal]

força (f)	puissance (f)	[pɥisɑ̃s]
poderoso (adj)	puissant (adj)	[pɥisɑ̃]
partidário (m)	partisan (m)	[partizɑ̃]
influência (f)	influence (f)	[ɛ̃flyɑ̃s]

regime (m)	régime (m)	[reʒim]
conflito (m)	conflit (m)	[kɔ̃fli]
conspiração (f)	complot (m)	[kɔ̃plo]
provocação (f)	provocation (f)	[prɔvɔkasjɔ̃]

derrubar (vt)	renverser (vt)	[rɑ̃vɛrse]
derrube (m), queda (f)	renversement (m)	[rɑ̃vɛrsəmɑ̃]
revolução (f)	révolution (f)	[revɔlysjɔ̃]

| golpe (m) de Estado | coup (m) d'État | [ku deta] |
| golpe (m) militar | coup (m) d'État militaire | [ku deta militɛr] |

crise (f)	crise (f)	[kriz]
recessão (f) econômica	baisse (f) économique	[bɛs ekɔnɔmik]
manifestante (m)	manifestant (m)	[manifɛstã]
manifestação (f)	manifestation (f)	[manifɛstasjõ]
lei (f) marcial	loi (f) martiale	[lwa marsjal]
base (f) militar	base (f) militaire	[baz militɛr]

| estabilidade (f) | stabilité (f) | [stabilite] |
| estável (adj) | stable (adj) | [stabl] |

| exploração (f) | exploitation (f) | [ɛksplwatasjõ] |
| explorar (vt) | exploiter (vt) | [ɛksplwate] |

racismo (m)	racisme (m)	[rasism]
racista (m)	raciste (m)	[rasist]
fascismo (m)	fascisme (m)	[faʃism]
fascista (m)	fasciste (m)	[faʃist]

194. Países. Diversos

estrangeiro (m)	étranger (m)	[etrãʒe]
estrangeiro (adj)	étranger (adj)	[etrãʒe]
no estrangeiro	à l'étranger (adv)	[ɑletrãʒe]

emigrante (m)	émigré (m)	[emigre]
emigração (f)	émigration (f)	[emigrasjõ]
emigrar (vi)	émigrer (vi)	[emigre]

Ocidente (m)	Ouest (m)	[wɛst]
Oriente (m)	Est (m)	[ɛst]
Extremo Oriente (m)	Extrême Orient (m)	[ɛkstrɛm ɔrjã]

civilização (f)	civilisation (f)	[sivilizasjõ]
humanidade (f)	humanité (f)	[ymanite]
mundo (m)	monde (m)	[mõd]
paz (f)	paix (f)	[pɛ]
mundial (adj)	mondial (adj)	[mõdjal]

pátria (f)	patrie (f)	[patri]
povo (população)	peuple (m)	[pœpl]
população (f)	population (f)	[pɔpylasjõ]
gente (f)	gens (m pl)	[ʒɛs]
nação (f)	nation (f)	[nasjõ]
geração (f)	génération (f)	[ʒenerasjõ]

território (m)	territoire (m)	[tɛritwar]
região (f)	région (f)	[reʒjõ]
estado (m)	état (m)	[eta]

| tradição (f) | tradition (f) | [tradisjõ] |
| costume (m) | coutume (f) | [kutym] |

ecologia (f)	écologie (f)	[ekɔlɔʒi]
índio (m)	indien (m)	[ɛ̃djɛ̃]
cigano (m)	bohémien (m)	[bɔemjɛ̃]
cigana (f)	bohémienne (f)	[bɔemjɛn]
cigano (adj)	bohémien (adj)	[bɔemjɛ̃]

império (m)	empire (m)	[ãpir]
colônia (f)	colonie (f)	[kɔlɔni]
escravidão (f)	esclavage (m)	[ɛsklavaʒ]
invasão (f)	invasion (f)	[ɛ̃vazjõ]
fome (f)	famine (f)	[famin]

195. Grupos religiosos mais importantes. Confissões

| religião (f) | religion (f) | [rəliʒjõ] |
| religioso (adj) | religieux (adj) | [rəliʒjø] |

crença (f)	foi (f)	[fwa]
crer (vt)	croire (vi)	[krwar]
crente (m)	croyant (m)	[krwajã]

| ateísmo (m) | athéisme (m) | [ateism] |
| ateu (m) | athée (m) | [ate] |

cristianismo (m)	christianisme (m)	[kristjanism]
cristão (m)	chrétien (m)	[kretjɛ̃]
cristão (adj)	chrétien (adj)	[kretjɛ̃]

catolicismo (m)	catholicisme (m)	[katɔlisism]
católico (m)	catholique (m)	[katɔlik]
católico (adj)	catholique (adj)	[katɔlik]

protestantismo (m)	protestantisme (m)	[prɔtɛstãtism]
Igreja (f) Protestante	Église (f) protestante	[egliz prɔtɛstãt]
protestante (m)	protestant (m)	[prɔtɛstã]

ortodoxia (f)	Orthodoxie (f)	[ɔrtɔdɔksi]
Igreja (f) Ortodoxa	Église (f) orthodoxe	[egliz ɔrtɔdɔks]
ortodoxo (m)	orthodoxe (m)	[ɔrtɔdɔks]

presbiterianismo (m)	Presbytérianisme (m)	[prɛsbiterjanism]
Igreja (f) Presbiteriana	Église (f) presbytérienne	[egliz prɛsbiterjɛn]
presbiteriano (m)	presbytérien (m)	[prɛsbiterjɛ̃]

| luteranismo (m) | Église (f) luthérienne | [egliz lyterjɛn] |
| luterano (m) | luthérien (m) | [lyterjɛ̃] |

| Igreja (f) Batista | Baptisme (m) | [batism] |
| batista (m) | baptiste (m) | [batist] |

Igreja (f) Anglicana	Église (f) anglicane	[egliz ãglikan]
anglicano (m)	anglican (m)	[ãglikã]
mormonismo (m)	Mormonisme (m)	[mɔrmɔnism]
mórmon (m)	mormon (m)	[mɔrmõ]

Judaísmo (m)	judaïsme (m)	[ʒydaism]
judeu (m)	juif (m)	[ʒɥif]
budismo (m)	Bouddhisme (m)	[budism]
budista (m)	bouddhiste (m)	[budist]
hinduísmo (m)	hindouisme (m)	[ɛ̃duism]
hindu (m)	hindouiste (m)	[ɛ̃duist]
Islã (m)	islam (m)	[islam]
muçulmano (m)	musulman (m)	[myzylmɑ̃]
muçulmano (adj)	musulman (adj)	[myzylmɑ̃]
xiismo (m)	Chiisme (m)	[ʃiism]
xiita (m)	chiite (m)	[ʃiit]
sunismo (m)	Sunnisme (m)	[synism]
sunita (m)	sunnite (m)	[synit]

196. Religiões. Padres

padre (m)	prêtre (m)	[prɛtr]
Papa (m)	Pape (m)	[pap]
monge (m)	moine (m)	[mwan]
freira (f)	bonne sœur (f)	[bɔn sœr]
pastor (m)	pasteur (m)	[pastœr]
abade (m)	abbé (m)	[abe]
vigário (m)	vicaire (m)	[vikɛr]
bispo (m)	évêque (m)	[evɛk]
cardeal (m)	cardinal (m)	[kardinal]
pregador (m)	prédicateur (m)	[predikatœr]
sermão (m)	sermon (m)	[sɛrmɔ̃]
paroquianos (pl)	paroissiens (m pl)	[parwasjɛ̃]
crente (m)	croyant (m)	[krwajɑ̃]
ateu (m)	athée (m)	[ate]

197. Fé. Cristianismo. Islão

Adão	Adam	[adɑ̃]
Eva	Ève	[ɛv]
Deus (m)	Dieu (m)	[djø]
Senhor (m)	le Seigneur	[lə sɛɲœr]
Todo Poderoso (m)	le Tout-Puissant	[lə tupɥisɑ̃]
pecado (m)	péché (m)	[peʃe]
pecar (vi)	pécher (vi)	[peʃe]
pecador (m)	pécheur (m)	[peʃœr]
pecadora (f)	pécheresse (f)	[peʃrɛs]

inferno (m)	enfer (m)	[ɑ̃fɛr]
paraíso (m)	paradis (m)	[paradi]

Jesus	Jésus	[ʒezy]
Jesus Cristo	Jésus Christ	[ʒezykri]

Espírito (m) Santo	le Saint Esprit	[lə sɛ̃tɛspri]
Salvador (m)	le Sauveur	[lə sovœr]
Virgem Maria (f)	la Sainte Vierge	[la sɛ̃t vjɛrʒ]

Diabo (m)	le Diable	[djabl]
diabólico (adj)	diabolique (adj)	[djabɔlik]
Satanás (m)	Satan	[satɑ̃]
satânico (adj)	satanique (adj)	[satanik]

anjo (m)	ange (m)	[ɑ̃ʒ]
anjo (m) da guarda	ange (m) gardien	[ɑ̃ʒ gardjɛ̃]
angelical	angélique (adj)	[ɑ̃ʒelik]

apóstolo (m)	apôtre (m)	[apotr]
arcanjo (m)	archange (m)	[arkɑ̃ʒ]
anticristo (m)	Antéchrist (m)	[ɑ̃tekrist]

Igreja (f)	Église (f)	[egliz]
Bíblia (f)	Bible (f)	[bibl]
bíblico (adj)	biblique (adj)	[biblik]

Velho Testamento (m)	Ancien Testament (m)	[ɑ̃sjɛ̃ tɛstamɑ̃]
Novo Testamento (m)	Nouveau Testament (m)	[nuvo tɛstamɑ̃]
Evangelho (m)	Évangile (m)	[evɑ̃ʒil]
Sagradas Escrituras (f pl)	Sainte Écriture (f)	[sɛ̃t ekrityr]
Céu (sete céus)	Cieux (m pl)	[sjø]

mandamento (m)	commandement (m)	[kɔmɑ̃dmɑ̃]
profeta (m)	prophète (m)	[prɔfɛt]
profecia (f)	prophétie (f)	[prɔfesi]

Alá (m)	Allah	[ala]
Maomé (m)	Mahomet	[maɔmɛ]
Alcorão (m)	le Coran	[kɔrɑ̃]

mesquita (f)	mosquée (f)	[mɔske]
mulá (m)	mulla (m)	[mula]
oração (f)	prière (f)	[prijɛr]
rezar, orar (vi)	prier (vt)	[prije]

peregrinação (f)	pèlerinage (m)	[pɛlrinaʒ]
peregrino (m)	pèlerin (m)	[pɛlrɛ̃]
Meca (f)	La Mecque	[la mɛk]

igreja (f)	église (f)	[egliz]
templo (m)	temple (m)	[tɑ̃pl]
catedral (f)	cathédrale (f)	[katedral]
gótico (adj)	gothique (adj)	[gɔtik]
sinagoga (f)	synagogue (f)	[sinagɔg]
mesquita (f)	mosquée (f)	[mɔske]

capela (f)	chapelle (f)	[ʃapɛl]
abadia (f)	abbaye (f)	[abei]
convento (m)	couvent (m)	[kuvã]
monastério (m)	monastère (m)	[mɔnastɛr]
sino (m)	cloche (f)	[klɔʃ]
campanário (m)	clocher (m)	[klɔʃe]
repicar (vi)	sonner (vi)	[sɔ̃]
cruz (f)	croix (f)	[krwa]
cúpula (f)	coupole (f)	[kupɔl]
ícone (m)	icône (f)	[ikon]
alma (f)	âme (f)	[ɑm]
destino (m)	sort (m)	[sɔr]
mal (m)	mal (m)	[mal]
bem (m)	bien (m)	[bjɛ̃]
vampiro (m)	vampire (m)	[vãpir]
bruxa (f)	sorcière (f)	[sɔrsjɛr]
demônio (m)	démon (m)	[demɔ̃]
espírito (m)	esprit (m)	[ɛspri]
redenção (f)	rachat (m)	[raʃa]
redimir (vt)	racheter (vt)	[raʃte]
missa (f)	messe (f)	[mɛs]
celebrar a missa	dire la messe	[dir la mɛs]
confissão (f)	confession (f)	[kɔ̃fesjɔ̃]
confessar-se (vr)	se confesser (vp)	[sə kɔ̃fese]
santo (m)	saint (m)	[sɛ̃]
sagrado (adj)	sacré (adj)	[sakre]
água (f) benta	l'eau bénite	[lo benit]
ritual (m)	rite (m)	[rit]
ritual (adj)	rituel (adj)	[rityɛl]
sacrifício (m)	sacrifice (m)	[sakrifis]
superstição (f)	superstition (f)	[sypɛrstisjɔ̃]
supersticioso (adj)	superstitieux (adj)	[sypɛrstisjø]
vida (f) após a morte	vie (f) après la mort	[vi aprɛ la mɔr]
vida (f) eterna	vie (f) éternelle	[vi etɛrnɛl]

TEMAS DIVERSOS

198. Várias palavras úteis

ajuda (f)	aide (f)	[ɛd]
barreira (f)	barrière (f)	[barjɛr]
base (f)	base (f)	[baz]
categoria (f)	catégorie (f)	[kategɔri]
causa (f)	cause (f)	[koz]
coincidência (f)	coïncidence (f)	[kɔɛ̃sidɑ̃s]
coisa (f)	chose (f)	[ʃoz]
começo, início (m)	début (m)	[dəbu]
cômodo (ex. poltrona ~a)	confortable (adj)	[kɔ̃fɔrtabl]
comparação (f)	comparaison (f)	[kɔ̃parɛzɔ̃]
compensação (f)	compensation (f)	[kɔ̃pɑ̃sasjɔ̃]
crescimento (m)	croissance (f)	[krwasɑ̃s]
desenvolvimento (m)	développement (m)	[devlɔpmɑ̃]
diferença (f)	différence (f)	[diferɑ̃s]
efeito (m)	effet (m)	[efɛ]
elemento (m)	élément (m)	[elemɑ̃]
equilíbrio (m)	balance (f)	[balɑ̃s]
erro (m)	faute (f)	[fot]
esforço (m)	effort (m)	[efɔr]
estilo (m)	style (m)	[stil]
exemplo (m)	exemple (m)	[ɛgzɑ̃p]
fato (m)	fait (m)	[fɛ]
fim (m)	fin (f)	[fɛ̃]
forma (f)	forme (f)	[fɔrm]
frequente (adj)	fréquent (adj)	[frekɑ̃]
fundo (ex. ~ verde)	fond (m)	[fɔ̃]
gênero (tipo)	type (m)	[tip]
grau (m)	degré (m)	[dəgre]
ideal (m)	idéal (m)	[ideal]
labirinto (m)	labyrinthe (m)	[labirɛ̃t]
modo (m)	mode (m)	[mɔd]
momento (m)	moment (m)	[mɔmɑ̃]
objeto (m)	objet (m)	[ɔbʒɛ]
obstáculo (m)	obstacle (m)	[ɔpstakl]
original (m)	original (m)	[ɔriʒinal]
padrão (adj)	standard (adj)	[stɑ̃dar]
padrão (m)	standard (m)	[stɑ̃dar]
paragem (pausa)	arrêt (m)	[arɛ]
parte (f)	part (f)	[par]

partícula (f)	**particule** (f)	[partikyl]
pausa (f)	**pause** (f)	[poz]
posição (f)	**position** (f)	[pozisjɔ̃]
princípio (m)	**principe** (m)	[prɛ̃sip]
problema (m)	**problème** (m)	[prɔblɛm]
processo (m)	**processus** (m)	[prɔsesys]
progresso (m)	**progrès** (m)	[prɔgrɛ]
propriedade (qualidade)	**propriété** (f)	[prɔprijete]
reação (f)	**réaction** (f)	[reaksjɔ̃]
risco (m)	**risque** (m)	[risk]
ritmo (m)	**tempo** (m)	[tɛmpo]
segredo (m)	**secret** (m)	[səkrɛ]
série (f)	**série** (f)	[seri]
sistema (m)	**système** (m)	[sistɛm]
situação (f)	**situation** (f)	[sitɥasjɔ̃]
solução (f)	**solution** (f)	[sɔlysjɔ̃]
tabela (f)	**tableau** (m)	[tablo]
termo (ex. ~ técnico)	**terme** (m)	[tɛrm]
tipo (m)	**genre** (m)	[ʒɑ̃r]
urgente (adj)	**urgent** (adj)	[yrʒɑ̃]
urgentemente	**d'urgence** (adv)	[dyrʒɑ̃s]
utilidade (f)	**utilité** (f)	[ytilite]
variante (f)	**version** (f)	[vɛrsjɔ̃]
variedade (f)	**choix** (m)	[ʃwa]
verdade (f)	**vérité** (f)	[verite]
vez (f)	**tour** (m)	[tur]
zona (f)	**zone** (f)	[zon]

* 9 7 8 1 7 8 7 6 7 3 4 9 6 *